陶元峰　张秀峰／编著

涉农典型案例

法律评析

shenong dianxing anli falü pingxi

兰州大学出版社

图书在版编目（CIP）数据

涉农典型案例法律评析／陶元峰,张秀峰编著. ——
兰州:兰州大学出版社,2014.7
ISBN 978-7-311-04522-7

Ⅰ.①涉… Ⅱ.①陶… ②…张 Ⅲ.①案例—分析—
中国 Ⅳ.①D920.5

中国版本图书馆 CIP 数据核字（2014）第 180148 号

策划编辑　陈红升
责任编辑　陈红升　王颢瑾
装帧设计　管军伟

书　　名　涉农典型案例法律评析
作　　者　陶元峰　张秀峰　编著
出版发行　兰州大学出版社　（地址:兰州市天水南路 222 号　730000）
电　　话　0931－8912613（总编办公室）　0931－8617156（营销中心）
　　　　　0931－8914298（读者服务部）
网　　址　http://www.onbook.com.cn
电子信箱　press@lzu.edu.cn
印　　刷　白银兴银贵印务有限公司
开　　本　710 mm×1020 mm　1/16
印　　张　9.25（插页2）
字　　数　181 千
版　　次　2014 年 9 月第 1 版
印　　次　2014 年 9 月第 1 次印刷
书　　号　ISBN 978-7-311-04522-7
定　　价　26.00 元

（图书若有破损、缺页、掉页可随时与本社联系）

前　言

从"一五"普法到现在的"六五"普法,我国农村经过二十多年的普法教育和依法治理,广大干部群众民主自治、民主管理和依法办事的自觉性逐步加强,人民群众的法律意识、法制观念和依法维护自身合法权益的意识与能力有很大提高。但是,随着改革的不断深化和社会主义市场经济的建立和完善,农村普法工作存在的问题和困难也日益显现出来,这在一定程度上制约了普法工作的深入发展。鉴于此,本书以近年来发生在身边的涉农典型案例为基础,通过以案说法、法律解答等农民朋友喜闻乐见的形式,深入浅出地向大家普及法律常识。本书是一本内容较为丰富、系统的农村普法宣传工具书。

为增强实效性和针对性,本书在内容编排上并没有面面俱到,而是选取了农民朋友最关切、最想知道和最急需解决的法律问题,如婚姻家庭及遗产继承纠纷、人身侵权损害赔偿、房屋及邻里纠纷、借款及买卖纠纷、租赁及运输纠纷、土地纠纷、劳动纠纷、交通事故纠纷、医疗卫生纠纷和常见涉农犯罪等。其中,许多案例都是发生在农民朋友身边的真实案例。同时,为了让农民朋友看得懂、喜欢读,本书在语言上力求朴实简洁,避免过多使用法律专业术语,尽可能地为农民朋友在阅读时提供更多的方便,能够为广大农民朋友在学法、守法、用法上起到良好的指导作用。

本书的编辑出版,得到兰州文理学院"联村联户、为民富民"办公室的大力支持,党委宣传统战部部长、"双联"办副主任郑建勤同志在主题选择、书名确定、栏目设置等方面提出中肯的建议,在此一并表示衷心感谢。同时,该书为联户干部在联系户宣传和普及法律知识方面提供了生动的案例。

由于时间仓促,书中难免有遗漏、不足之处,敬请广大农民朋友和读者提出宝贵意见和建议,谨致谢意。

编　者
2014 年 3 月

目　录

第一章 婚姻家庭及遗产继承纠纷

1. 彩礼钱可以返还吗？

【典型案例】

张某与李某于2010年7月经媒人介绍相识、相恋。短短3个月后，张某与李某商量订婚，订婚当天张某给了李某彩礼9999元。订婚后两人一直未在一起生活，只是通过电话和手机短信联系。2011年1月，双方发生矛盾，自愿解除婚约。原告张某找到李某，要求李某返还婚约礼金，但遭到李某及其家人的拒绝，张某遂向法院提起民事诉讼以维护自己的合法权益。

法院审理认为，张某支付给李某的9999元是按照当地农村的风俗习惯给付的订婚彩礼。根据相关法律的规定，双方当事人未办理结婚登记手续的，付了彩礼的一方要求返还按照习俗给付的彩礼时，人民法院应予以支持。为保护当事人合法财产权不受侵犯，法院依法做出李某应返还张某彩礼金9999元的判决。

【法律评析】

关于彩礼纠纷的处理，《中华人民共和国婚姻法》(以下简称《婚姻法》)未做出明确规定。最高人民法院《关于适用〈中华人民共和国婚姻法〉若干问题的解释(二)》(以下简称《婚姻法解释(二)》)第10条规定："当事人请求返还按照习俗给付的彩礼的，如果查明属于以下情形，人民法院应当予以支持：(一)双方未办理结婚登记手续的；(二)双方办理结婚登记手续但确未共同生活的；(三)婚前给付并导致给付人生活困难的。适用前款第(二)、(三)项的规定，应当以双方离婚为条件。"

在婚姻案件中，涉及要求返还彩礼和嫁妆的纠纷是比较常见的。婚嫁时，男方要送彩礼，女方要陪送嫁妆，这在大部分地区属于传统习俗。一方离婚，关于彩礼和嫁妆的纠纷在司法实践中应如何处理，彩礼是否需要返还呢？彩礼给付是基于当地的风俗习惯，这与无条件的赠予不同，其实质是附条件的赠予行为。给付彩礼和收取彩礼是以缔结婚姻关系为前提的。

根据最高人民法院的司法解释，解除婚约时的彩礼金返还需要区别对待：一是虽然已订婚，但确实未共同生活。在这种情况下，主张返还的一方承担"确未共同生活"的举证责任，否则，不能要求返还。二是婚前给付并导致给付人生活困难。在这种情况下，主张返还的一方承担两项举证责任：(1)嫁妆(彩礼)是办理结婚证之前给付的；(2)离婚时，由于嫁妆(彩礼)的给付而导致给付人一方生活困难，即两者之间具有因果关系。

所以，本案中张某是可以拿回彩礼金的。

【法律依据】

《婚姻法解释（二）》第10条："当事人请求返还按照习俗给付的彩礼的,如果查明属于以下情形,人民法院应当予以支持:(一)双方未办理结婚登记手续的;(二)双方办理结婚登记手续但确未共同生活的;(三)婚前给付并导致给付人生活困难的。适用前款第(二)、(三)项的规定,应当以双方离婚为条件。"

2. 表哥能和表妹结婚吗?

【典型案例】

1998年春,杨某和表妹李某从村里去广州某服装厂打工,因平时杨某对表妹照顾有加,两人不久便产生了感情,再加上村里一直都有"亲上加亲"这一说,又有亲朋好友的撮合,两人于2000年7月进行了结婚登记,2001年9月李某生了一个男孩儿。结婚前几年两人关系一直不错,但是之后几年,两人常因鸡毛蒜皮的小事拌嘴打架。从2008年5月起,两人干脆就分开过,谁也不搭理谁。2010年7月,李某以双方感情破裂为由,向法院提起诉讼,要求离婚。法院判决李某与杨某的婚姻关系无效。

【法律评析】

我国《婚姻法》规定,直系血亲和三代以内的旁系血亲禁止结婚,且明确规定有禁止结婚的亲属关系的婚姻属无效婚姻。在本案中,杨某和李某属于表兄妹关系,是婚姻法明文禁止结婚的情形,所以法院判决杨某与李某的婚姻无效。

简单地说,婚姻无效就是指男女两性以永久共同生活为目的而成立的婚姻,因不符合结婚条件或法定程序,在法律上不具有婚姻效力。我国《婚姻法》也用法定的形式列举了无效婚姻的几种情形,如:重婚的(指有配偶者又与他人登记结婚或以夫妻名义同居生活的违法行为);有禁止结婚的亲属关系的(指直系血亲或三代以内的旁系血亲);婚前患有医学上认为不应当结婚的疾病,婚后尚未治愈的(指精神方面的疾病和重大不治的传染性疾病或遗传性疾病);未到法定婚龄的(指男方未满22周岁,女方未满20周岁)。除此之外,受欺诈、胁迫的婚姻也属于无效婚姻,无效的婚姻自开始就无效。

【法律依据】

《婚姻法》第7条:"有下列情形之一的,禁止结婚:(一)直系血亲和三代以内的旁系血亲;(二)患有医学上认为不应当结婚的疾病。"

《婚姻法》第10条:"有下列情形之一的,婚姻无效:(一)重婚的;(二)有禁止结婚的亲属关系的;(三)婚前患有医学上认为不应当结婚的疾病,婚后尚未治愈的;(四)未到法定婚龄的。"

3. 不同居了,要不要告到法院?

【典型案例】

2008年冬,洪某在当地某工厂打工时与曹某相识并恋爱。2009年2月,双方按照当地的习俗举行了婚礼,而后洪某与曹某开始共同生活。在共同生活期间,洪某发现曹某有特别不好的习惯,喜欢躺在床上吸烟,而且烟瘾特别重,每天至少要吸三包香烟。双方为此事不知道争吵了多少次。同年7月,曹某就独自去了广东打工,后来就很少与洪某联系。9月份,洪某通过朋友找到曹某,提出要与曹某分手,但曹某坚决不同意,于是洪某就留在了曹某身边,在广东一起同居生活,但是双方还是经常因琐事发生争吵。无奈之下,洪某起诉到法院要求解除与曹某的同居关系。法院经审查认为,洪某与曹某的同居关系可自行解除。二人不涉及同居期间财产分割与子女抚养问题,不属人民法院受理范围,故做出不予受理的裁定。

【法律评析】

我国现行的法律法规规定,同居关系不受法律保护,同居的男女任何一方可以随时解除同居关系,无须起诉到人民法院。如果男女一方起诉到人民法院要求解除同居关系的,人民法院是不会受理的。但有一个例外,属于《婚姻法》第32条和第46条规定的"有配偶者与他人同居"的,即有配偶者与婚外异性不以夫妻名义持续、稳定地共同居住。如果起诉到人民法院,法院会受理,并会依法解除居住关系。在该案例中,曹某与洪某均无配偶,双方仅仅是按照农村习俗举行了婚礼,并不是合法的夫妻。因此,双方仅是一种同居关系。这种同居关系并不受法律保护,双方可以随时解除,即使洪某起诉到法院要求解除同居关系,法院也不会受理。当然,如果男女双方在同居期间有财产或者小孩,因财产分割或者小孩抚养问题发生争议,另一方起诉到法院,法院是会受理和处理的。

【法律依据】

《婚姻法解释(二)》第1条:"当事人起诉请求解除同居关系的,人民法院不予受理。但当事人请求解除的同居关系,属于婚姻法第3条、第32条、第46条规定的'有配偶者与他人同居'的,人民法院应当受理并依法予以解除。"

4. 夫妻分居多年能离婚吗?

【典型案例】

2005年6月,李英与王林在一起打工时相识,同年11月办理了结婚登记手续。婚后双方发现性格不合,常因家庭琐事吵闹不断,李英有病时王林也不予理睬。2008年2月,李英向法院提起离婚诉讼,王林在法庭上写下保证书,保证以后好好对待李英,有病也会及时治疗。经法院调解,两人同意和好。但不到2个月时间,李英与王林就开始吵闹,而且王林对李英实施家庭暴力,为此李英搬回了娘家居住,之后两人互不联系。2010年8月,李英以夫妻感情彻底破裂为理由,再次告到法院要求与王林离婚。法院判决准予李英与王林离婚。

【法律评析】

我国《婚姻法》规定,人民法院审理离婚案件,应当进行调解,如果感情确已破裂,调解无效,应准予离婚。那么,怎样知道夫妻之间的感情是否确已破裂呢?其中有一个标准就是夫妻双方因感情不和分居满2年,可以认定夫妻感情确已破裂。但这里的分居要与一般的男女因工作、学习等暂时分离相区别,这里的分居是因为感情不和,双方分开不在一起生活,且互不履行夫妻间的权利义务。如果夫妻分居已满2年,而且没有和好的可能,一方坚决要求离婚,法院一般会判决准予双方离婚。在案例中,李英第一次起诉到法院要求离婚,经法院调解双方和好,说明双方的感情还没有彻底破裂。但双方和好后又发生争吵,并且分居生活,双方确实没有和好的可能,感情确已彻底破裂,所以法院判决准予李英与王林离婚。

【法律依据】

《婚姻法》第32条:"男女一方要求离婚的,可由有关部门进行调解或直接向人民法院提出离婚诉讼。人民法院审理离婚案件,应当进行调解;如感情确已破裂,调解无效,应准予离婚。有下列情形之一,调解无效的,应准予离婚:(一)重婚或有配偶者与他人同居的;(二)实施家庭暴力或虐待、遗弃家庭成员的;(三)有赌博、吸毒等恶习屡教不改的;(四)因感情不和分居满2年的;(五)其他导致夫妻感情破裂的情形。一方被宣告失踪,另一方提出离婚诉讼的,应准予离婚。"

5. 离婚应向哪个法院起诉?

【典型案例】

2009年4月,甲县的钟某与乙县的赖某在丙县打工时相识,同年12月在乙县民政部门办理了结婚登记。婚后双方因为性格不合,经常因家庭琐事发生争吵,而且赖某还有家庭暴力行为。在2010年6月中旬,钟某与赖某因小事发生口角,赖某用压力锅将钟某打伤。同年10月,钟某向甲县人民法院提起诉讼,要求与赖某离婚。法院受理后,向赖某送达了诉状副本、开庭传票等材料。赖某在提交答辩状期间对管辖权提出异议,认为自己的户口在乙县,而且也是在乙县民政部门办理的结婚登记,所以案件应移交乙县人民法院处理。甲县人民法院经审查认为,赖某的申请符合有关法律规定,最后裁定将钟某与赖某离婚纠纷一案移送到乙县人民法院处理。

【法律评析】

根据我国法律规定,对男女一方提起的离婚诉讼,一般由被起诉一方住所地人民法院管辖。如果被起诉一方住所地与经常居住地不一致的,由其经常居住地人民法院管辖。被起诉一方的"住所地"是指被起诉一方的户籍所在地,被起诉一方的"经常居住地"是指其离开住所地至起诉时已连续居住1年以上的地方,但被起诉一方住院就医的地方除外。在被起诉一方有经常居住地时,则经常居住地的法院优先于住所地的法院管辖。在案例中,虽然赖某经常在丙县打工,但其经常居住地和户籍都在乙县,因此甲县人民法院无权管辖,应当移送到乙县人民法院处理。

法律对离婚案件的管辖法院还有特殊的规定:(1)如果夫妻一方离开住所地超过1年,另一方起诉离婚的案件,由起诉一方住所地人民法院管辖。夫妻双方离开住所地超过1年,一方起诉离婚的案件,由被起诉一方经常居住地人民法院管辖;没有经常居住地的,由起诉一方起诉时居住地的人民法院管辖。(2)夫妻双方都被监禁或者劳动教养的,由被起诉一方原住所地人民法院管辖。被起诉一方被监禁或被劳动教养1年以上的,由被起诉一方被监禁地或被劳动教养地人民法院管辖,否则由起诉一方住所地人民法院管辖。(3)被起诉一方不在我国领域内或下落不明,则由起诉一方住所地人民法院管辖。对于涉及军人的离婚案件,在实际生活中,有很多人都认为是由部队内部军事法院处理,其实这种认识是不正确的。涉及军人的离婚案件,无论一方还是双方都是军人,都是由地方法院来审理,军事法院是无权处理的。根据我国法律规定,非军人对军人提出的离婚诉讼,如果军人一方为非文职军人,由起诉一方住所地人民法院管辖。如果离婚夫妻双方都是军人的,由被起诉一方住所地或者所在的团级以上单位驻地的人民法院管辖。

【法律依据】

《民事诉讼法》第21条:"对公民提起的民事诉讼,由被告住所地人民法院管辖;被告住所地与经常居住地不一致的,由经常居住地人民法院管辖。"

6.如何认定夫妻共同财产?

【典型案例】

2005年8月,明某的父亲去世时留给其30万的遗产。同年10月,明某和欧某相亲,两个人感觉不错,3个月后就登记结婚。结婚时,欧某的父母送给小两口一辆别克轿车。2008年2月,两人感情不和,开始分居。2009年5月,明某起诉到法院要求离婚。欧某表示同意离婚,但要分割明某继承的30万元和自己父母赠送的别克轿车。法院判决欧某可以与明某分割别克轿车,但是30万由明某个人所有,欧某没有权利分割。

【法律评析】

夫妻共同财产是指夫妻双方在婚姻关系存续期间所得的财产,即从男女双方登记结婚之日起,到夫妻离婚或配偶一方死亡时为止,这一特定期间内夫妻所得的财产。夫妻共同财产主要包括以下内容:(1)夫妻双方或一方的劳动所得的工资、奖金、稿酬、其他形式的劳动报酬;一方或双方生产、经营、经营的收益;一方或双方知识产权的收益;一方或双方由继承、受赠或受遗赠所得财产;夫妻双方或一方的其他合法收入。(2)在婚姻关系存续期间,复员、转业军人所得复员费、转业费,结婚10年以上的,应按夫妻共同财产进行分割。(3)夫妻分居两地分别管理、使用的婚后所得财产,应当认定为夫妻共同财产。(4)已登记结婚但是尚未共同生活,一方或双方受赠的礼金、礼物应认定为夫妻共同财产。(5)婚后双方对婚前一方所有的房屋进行过扩建的,扩建部分的房屋应按夫妻共同财产处理。在这个案子里,两人结婚时欧某的父母送给小两口的那辆别克轿车,就属于夫妻共同财产,欧某可以要求分割。

夫妻一方个人财产是指虽然在婚姻关系存续期间取得,但是仅属于夫或妻一方所有的财产,另一方对该财产没有所有权,不能要求分割。夫妻一方个人财产主要包括:(1)夫妻一方婚前个人所有财产,不论结婚经过多少年,仍归一方所有。(2)一方因身体受到伤害获得的医疗费、残疾人生活补助费等费用,这些费用是专门针对个人身体受伤后需要治疗、身体残疾后丧失部分或全部劳动能力时而给予的补助,理应属于其个人所有。(3)遗嘱或赠予合同中确定只归夫或妻一方的财产。(4)一方专用的生活用品,如衣服、首饰、鞋帽等。(5)夫妻书面约定(或无争议的口头约定)婚后所得归各自所有的部分。(6)其他应当归一方的财产。在这个案子里,明某继承他父亲的30万元遗产是婚前个人财产,应归明某个人所有,欧某不能要求分割。

家庭财产,是指家庭成员的共同财产和各自所有的财产总和。它包括夫妻共同财产,也包括父母、子女、祖父母、孙子女和兄弟姐妹的财产。一般而言,家庭财产主要包括以下四种:(1)夫妻双方婚前各自所有的财产。(2)夫妻在婚姻关系存续期间所得的财产。其中包括双方或一方劳动所得财产,双方或一方所得遗产或受赠的财产。(3)未成年子女的财产(其所有权属于子女,但父母有平等的管理权)。(4)父母、祖父母以至兄弟姐妹的财产。因此,家庭财产包括夫妻共同财产,但是不限于夫妻共同财产,它是一个更宽泛的概念。

【法律依据】

《婚姻法》第17条:"夫妻在婚姻关系存续期间所得的下列财产,归夫妻共同所有:(一)工资、奖金;(二)生产、经营的收益;(三)知识产权的收益;(四)继承或赠予所得的财产,但本法第8条第3项规定的除外;(五)其他应当归共同所有的财产。夫妻对共同所有的财产,有平等的处理权。"

《婚姻法》第18条:"有下列情形之一的,为夫妻一方的财产:(一)一方的婚前财产;(二)一方因身体受到伤害获得的医疗费、残疾人生活补助费等费用;(三)遗嘱或赠予合同中确定只归夫或妻一方的财产;(四)一方专用的生活用品;(五)其他应当归一方的财产。"

7. 夫妻离婚后承包地咋办？

【典型案例】

1998年夏,袁某与李某经人介绍相识。同年10月10日,双方在当地乡人民政府办理了结婚登记。1999年12月,李某生了一个女儿,2001年6月生了一个儿子。2005年3月,袁某发现妻子有外遇,经协商,双方到民政局办理了离婚手续。后来袁某考虑到孩子还小,就原谅了李某的过错。同年12月两人复婚,复婚后夫妻感情一般。后来,袁某承包了50亩土地种果树。2010年6月,袁某与李某因家庭琐事发生争吵,袁某打了妻子一巴掌,李某第二天就一个人外出打工,再也不跟袁某联系。袁某认为妻子不知道珍惜夫妻感情,觉得没有再过下去的必要,于同年10月起诉到法院要求离婚。李某也认为夫妻感情已经到头,再过下去也没有意思,表示同意离婚,并且要求法院依法确认其对50亩承包地有经营权。

【法律评析】

夫妻关系存续期间取得的土地承包经营权属于夫妻共同财产。夫妻双方在离婚时,针对土地承包经营权,法院一般会根据实际情况依法分割。在审判实践中,一般这样处理:(1)如果夫妻双方离婚了,男女双方仍同属于一个集体经济组织的成员,各自有承包经营土地能力,并且双方均要求对夫妻原承包经营的土地继续承包经营的,在不影响生产、方便经营和管理的前提下,法院会考虑将夫妻共同承包经营的土地按份划出,由各自经营。(2)男女一方无能力或不愿继续承包经营的,根据有利生产经营和管理的原则,将该土地的承包经营权确定给有生产经营和管理能力的另一方经营,而由继续经营方给予放弃承包方相当价值的经济补偿。(3)如果一方迫于生存不愿意放弃土地承包经营权,短时间内又不能自行耕种承包土地的,考虑由另一代为耕种。代为耕种方在扣除应交纳的承包税金、劳动投入等费用后,按当地当年(或季节)土地平均产量付给对方应得的土地收益。(4)承包土地不利于分割,采取对夫妻共同享有的承包土地进行轮流耕种的方法。(5)如果基于农村土地承包经营权转包、出租、互换、转让或者其他方式流转而产生的经济利益,以及承包土地被依法占用、征用所获得的补偿费,夫妻双方应按份额进行分割。

【法律依据】

《婚姻法》第39条:"离婚时,夫妻的共同财产由双方协议处理;协议不成时,由人民法院根据财产的具体情况,照顾子女和女方权益的原则判决。夫或妻在家庭土地承包经营中享有的权益等,应当依法予以保护。"

8. 离婚后又同居算不算夫妻？

【典型案例】

2008年9月,张某与李某因性格不合,双方自愿协议离婚,并在民政部门办理了离婚手续。因张某离婚后,没有找到别的住所,李某就同意她暂时住在婚前自己个人购买的房屋里。一来二去,双方发现彼此也没有那么讨厌对方,而且张某觉得一个大男人经常自己洗衣做饭也挺不容易,于是双方还是像以前那样,吃住都在一起了。从2009年下半年开始,李某就很少回家,经常讲自己在外面出差,而且张某打电话也很少接。张某就觉得有点奇怪,于是去了李某的公司打听了一下情况。一打听才知道,李某目前正在跟公司新招录的一位女大学生谈恋爱,这星期双方都请了探亲假出去玩了。气不过的张某跑到法院,起诉要求李某给她精神赔偿。最后法院裁定不予受理。

【法律评析】

复婚,是指已经离婚的男女双方自愿恢复夫妻关系,到婚姻登记机关办理登记手续,重新确定婚姻关系的行为。根据我国法律规定,男女双方离婚后,未履行复婚登记手续,又以夫妻名义共同生活的,应按同居关系处理。如果离婚后男女双方要恢复夫妻关系的,必须亲自到一方户口所在地的婚姻登记管理机关申请复婚登记。在本案例中,张某因与李某已经协议离婚,双方不存在夫妻之间的权利义务关系。也就是说,李某没有义务履行夫妻间的忠诚义务,他有恋爱的自由。从法律上讲,李某的恋爱行为不存在对张某的精神造成任何伤害的情形。张某提出的要求不符合法院受理的条件,除非双方在同居期间涉及子女和财产问题需要处理。

总之,不管男女双方是协议离婚还是到法院诉讼离婚,离婚后双方若要复婚,必须到民政部门办理复婚登记。只有经过了登记,复婚双方的婚姻关系才能得到法律的承认和保护。不经过复婚登记而同居的,当事人之间不存在配偶权利和义务关系,法律并不会因男女双方曾经是夫妻而对他们离婚后的同居关系予以保护。

【法律依据】

《婚姻法》第35条:"离婚后,男女双方自愿恢复夫妻关系的,应到婚姻登记机关进行复婚登记。"

9. 离婚时孩子该由谁抚养？

【典型案例】

1998年8月,申某与胡某经别人介绍相识,于同年12月办理了结婚登记。1999年11月,胡某生下双胞胎女孩申甲、申乙。由于双方婚前缺乏了解,婚后经常吵吵闹闹,特别是因为胡某隐瞒实际年龄,致使申某耿耿于怀。2009年5月,申某向人民法院提出离婚诉讼,人民法院做出了不准予离婚的判决,但申某与胡某的关系并没有得到好转。后来,申某再次起诉到法院要求离婚。因婚生小孩申甲、申乙现已满10周岁,法院在审理中,依据法律规定征求了她们的意见,若父母离婚她们自愿随母亲生活。最后法院判决,准予申某与胡某离婚,婚生小孩申甲、申乙由胡某抚养。

【法律评析】

离婚时子女随父亲生活还是随母亲生活,可以由双方在离婚的时候协商决定。在离婚诉讼中,如果双方就子女抚养问题达成协议,人民法院一般会尊重双方的协议,但是双方协议由父亲或母亲抚养子女对该子女正常生活有严重不利影响的除外。如果双方达不成协议,人民法院会根据具体情况处理。在审判实践中,一般根据以下情况处理:(1)父母离婚时子女不足2周岁时,考虑到子女较小,更加需要母亲的照顾,有的甚至还处于哺乳期,所以离婚时子女一般判决随母亲生活。但如果母方有特殊原因(例如,母亲患有久治不愈的传染性疾病或其他严重疾病,母亲有抚养条件不尽抚养义务),可以随父亲生活。(2)父母离婚时子女在2周岁以上,且父母双方都想要抚养子女的,人民法院会同等地考虑父母双方的情况,看子女随哪方生活更有利于其健康成长。子女随父母其中一方时间较长,对这一方较有感情,则孩子应随这一方生活。子女随祖父母或者外祖父母中一方生活时间较长,或与之感情较深,也可以作为判决子女随父方还是母方生活的理由。但这在父母双方的其他条件均相同的情况下才会采用。如果父母一方患有久治不愈的传染性疾病、吸毒或偷窃等不利于子女身心健康的情况,那么子女自然不适于与其一起生活。另外还要考虑父母双方哪方更需要孩子。例如,其中一方已做绝育手术或因其他原因丧失生育能力,那么在这方抚养孩子无不利因素时,应优先考虑这一方;一方没有其他子女,而另一方有其他子女的,则应优先考虑没有子女一方。(3)父母离婚时子女在10周岁以上的,因为10周岁以上的未成年子女有一定的辨别是非的能力,所以在离婚案件中,人民法院在处理子女跟谁生活的问题上,应考虑到子女的个人意见。但是这并不是说10周岁以上未成年子女可以随意选择与谁生活。人民法院一般只会在父母都想取得子女抚养权,且父母双方都具有抚养子女的条件时,才考虑子女个人的意见。在父母离婚后,父母与子女的关系仍然同离婚前一样,并不会因父母离婚而消除。父母离婚后,无论子女由父亲还是由母亲抚养,仍旧是父母双方的子女,父母对子女仍有抚养和教育的权利和义务。

【法律依据】

《婚姻法》第36条:"父母与子女间的关系,不因父母离婚而消除。离婚后,子女无论由父或母直接抚养,仍是父母双方的子女。离婚后,父母对于子女仍有抚养和教育的权利和义务。离婚后,哺乳期内的子女,以随哺乳的母亲抚养为原则。哺乳期后的子女,如双方因抚养问题发生争执不能达成协议时,由人民法院根据子女的权益和双方的具体情况判决。"

10. 重婚会坐牢吗?

【典型案例】

2001年春,周某与同乡女子赵某办理了结婚登记手续,婚后夫妻感情一般。2001年底赵某生育一女孩,于2003年生育了一男孩,一家人安稳平静地生活了7年。但随着时间的推移,环境的变迁,周某开始嫌弃为他持家而日益衰老的糟糠之妻。2008年,其在广东打工时很快就找上一年轻女子刘某,为了避人耳目,达到与该女子厮守的目的,他每次都用冠冕堂皇的话语欺骗妻子,并明目张胆地与刘某以夫妻名义一起生活,并与刘某生下一子。赵某对丈夫长年不回家看望、疏远家庭的行为百思不得其解,并有意识地对丈夫的动向进行了解和打听,最后才确切知道丈夫在外还另有妻室。愤怒之下,赵某向有关部门告发。公安机关及时介入,远赴广东并将周某抓获归案。最后检察院审查认为周某在已有配偶的情况下又与他人以夫妻名义同居生活,其行为已触犯《刑法》第258条,构成重婚罪,决定批准逮捕。

【法律评析】

根据我国《刑法》及有关司法解释的相关规定,重婚是指一方有配偶又与他人登记结婚或者与他人以夫妻名义共同生活,以及明知他人有配偶又与之登记结婚,或者以夫妻名义共同生活的行为。在案例中,周某与赵某已经办理了结婚登记,其仍与刘某以夫妻的名义共同生活,因此检察院认为其行为构成重婚罪,故决定对其批准逮捕。

构成重婚须具备以下两个条件:

(1)当事人一方或者双方已存在有效的婚姻关系。这是构成重婚的前提条件。如果双方之间均没有婚姻关系的存在,是未婚、离婚或丧偶的人,则不能构成重婚。一方或双方虽有婚姻关系,但其婚姻已被宣告无效或被撤销,也不能构成重婚。无效婚姻和可撤销婚姻必须经由法定程序认定。对于无效婚姻或可撤销婚姻的当事人,在其婚姻未经法定程序宣告无效或撤销之前,仍属于有配偶的人,若与他人结婚仍然构成重婚。

(2)有配偶者与他人结婚,包括两种形式:①有配偶者又与他人登记结婚,这是属于法律上的重婚。②虽未经结婚登记,但与他人以夫妻关系同居生活,这为事实上的重婚。现实生活中基本上是以事实上的重婚为主要表现形式。

【法律依据】

《刑法》第258条:"有配偶而重婚的,或者明知他人有配偶而与之结婚的,处2年以下有期徒刑或者拘役。"

11. 父子关系能解除吗？

【典型案例】

1998年，罗某与邓某因感情不和到民政局办理了离婚手续，当时他们的儿子罗小某年仅8岁。双方约定：婚生男孩罗小某由罗某抚养，抚养费由罗某负担。2000年，罗某再婚，婚后有了一对双胞胎儿子。由于孩子多、负担重，罗某于2005年外出务工，没有更多的心思关心罗小某。因此罗小某在学校读书期间经常旷课，迷恋上网玩游戏，最终因成绩太差，没能考上大学。罗某得知儿子是因为在学校不读书，迷恋上网和游戏导致没考上大学，所以对儿子一直不满，最后决定让他外出务工。为此，父子俩没少闹矛盾。罗小某嫌父亲没本事，经济条件不如四邻，经常怨家庭贫穷。而后，父子俩又发生争吵，双方大打出手，罗某被儿子打伤住院治疗了半个月。罗某彻底伤透了心，决定与罗小某解除父子关系，出院第二天罗某就来到法院立案庭，要求解除自己与罗小某的父子关系，法院裁定不予受理。

【法律评析】

父母子女关系，即亲子关系。父母和子女是血缘最近的直系血亲，是家庭关系的重要组成部分。根据我国《婚姻法》的规定，父母子女关系通常分为两大类：自然血亲的父母子女关系和拟制血亲的父母子女关系。自然血亲的父母子女关系是基于子女出生的法律事实而发生的，其中包括生父母和婚生子女的关系、生父母和非婚生子女的关系。自然血亲的父母子女关系，只能因依法送养子女或父母子女一方死亡的原因而终止。在通常情况下，其相互关系不允许解除。拟制血亲的父母子女关系是基于收养或再婚的法律行为以及事实上的抚养关系的形成，由法律认可而人为设定的。其中包括养父母和养子女关系，继父母和受其抚养教育的继子女的关系。拟制血亲的父母子女关系，可因收养的解除或继父（母）与生母（父）离婚及相互抚养关系的变化而终止。在案例中，罗某与罗小某是自然血亲的父母子女关系，他们之间的父母子女关系是不能解除的，不符合立案的条件，故法院裁定不予受理。

在实际生活中，我们经常遇到一种情况就是，夫妻双方离婚后，子女归一方抚养，而不抚养子女的一方就认为，其与子女的关系就解除了。实际上，父母与子女之间的关系，不会因离婚而消除。离婚后，子女不管是由父亲还是母亲抚养，仍然是父母的子女。

【法律依据】

《婚姻法》第36条："父母与子女间的关系，不因父母离婚而消除。离婚后，子女无论由父或母直接抚养，仍是父母双方的子女。"

12. 什么人有继承权?

【典型案例】

被继承人刘民(1999年6月去世)、康华(2005年9月去世)共生育六个子女,长女刘凤(2005年11月去世)、二子刘长、三子刘宾、四女刘萍、五女刘英、六子刘文。1997年8月,由于公路改建,原有房屋被拆除,刘民申请建房10间,用地面积长7.5丈、宽6.8丈。父母死后,刘宾、刘文占有该10间房屋,故刘长起诉到法院要求确认其对该10间房屋享有共有权。案件在审理中,刘萍、刘英向法院提交了书面声明材料自愿放弃本案争议财产的继承权。刘凤之子曾学、女儿曾英也向法院提交了书面声明材料放弃分割被继承人刘民、康华遗产权利。法院判决,10间房屋由刘长、刘宾、刘文共同共有。

【法律评析】

根据我国《继承法》的规定,被继承人的配偶、子女、父母、兄弟姐妹、祖父母、外祖父母都是法定继承人,只是继承顺序不同而已。配偶、子女、父母是第一顺序的继承人;兄弟姐妹、祖父母、外祖父母是第二顺序的继承人。丧偶儿媳或女婿对公婆、岳父母尽了主要赡养义务的,作为第一顺序的法定继承人继承遗产。被继承人的遗产,首先由第一顺序的继承人继承;没有第一顺序的继承人或者第一顺序的继承人放弃继承权的,遗产由第二顺序的继承人继承。无论是第一顺序的继承人还是第二顺序的继承人,他们之间继承遗产没有先后顺序。

需要注意的是,对以下法定继承人的认定:(1)配偶。合法有效婚姻关系的存在是配偶互为法定继承人的前提条件,如果是非法同居没有办理结婚证的,男女相互之间是不存在继承权的。(2)子女。根据我国《婚姻法》规定,子女包括婚生子女、非婚生子女、养子女和有抚养关系的继子女。子女对父母的继承权不受父母婚姻关系变化的影响。(3)孙子女、外孙子女及其晚辈直系血亲。根据我国《继承法》规定,他们不是法定继承人,只是在代位继承时可以享有一定的继承权。(4)根据《继承法》规定,父母包括生父母、养父母和有抚养关系的继父母。(5)兄弟姐妹则包括同父母、同母异父、同父异母的兄弟姐妹以及养兄弟姐妹、有抚养关系的继兄弟姐妹。在事例中,刘长作为刘民和康华的儿子,在他们死亡后,其应当作为第一顺序继承人,对父母留下的房屋享有继承权。

【法律依据】

《继承法》第10条:"遗产按照下列顺序继承:第一顺序:配偶、子女、父母。第二顺序:兄弟姐妹、祖父母、外祖父母。继承开始后,由第一顺序继承人继承,第二顺序继承人不继承。没有第一顺序继承人继承的,由第二顺序继承人继承。"

13. 侄子能不能继承伯父的遗产？

【典型案例】

1995年冬,洪秋荣与陈文清经人介绍相识,不久两人便以夫妻名义同居生活。2002年8月,洪秋荣与陈文清在农村建造了一栋两层砖混结构楼房。2004年1月,洪秋荣与陈文清补办了结婚登记手续。第二年3月,陈文清因病不幸去世。因为洪秋荣与陈文清没有生育子女,陈文清去世的时候,根据当地风俗习惯,由陈文清侄子陈强强为其顶棺下葬。陈文清去世后,洪秋荣一人独自居住在原来夫妻俩建造的房屋内。2009年10月,洪秋荣准备卖掉上述所建房屋,但陈强强却不让洪秋荣卖房,并说洪秋荣对该房屋只有居住权,没有处分权,自己作为陈文清的侄子,在伯父去世后就对该房屋享有继承权。洪秋荣认为陈强强的行为侵害了她的合法权益,所以起诉到法院要求依法确认其对该房屋有继承权和处分权。法院判决,洪秋荣对涉案房屋具有继承权和处分权。

【法律评析】

遗产是公民死亡时遗留的个人合法财产。那么伯父留下的遗产侄子是否对其有继承权呢?我国《继承法》有明确规定,遗产按照下列顺序继承:第一顺序有配偶、子女、父母;第二顺序有兄弟姐妹、祖父母、外祖父母。由此可见,侄子并不在继承人的范围内,没有继承叔叔或伯父遗产的权利。在事例中,洪秋荣与陈文清没有生育子女,洪文清作为陈文清唯一的第一顺序继承人,对上述房屋享有完全的继承权。陈强强并不是陈文清的第一顺序继承人,仅以其为伯父陈文清顶棺下葬为由要求继承陈文清的遗产,不符合我国法律的规定。所以,法院判决洪秋荣对涉案房屋具有继承权和处分权是合理合法的。

如果侄子对没有亲人、缺乏劳动能力和生活来源的伯父提供经济来源和扶助,尽到了赡养义务,在伯父去世后,则可以分得伯父适当的遗产。即使被继承人的遗产因无人继承被收归国家或集体组织所有,如果侄子对伯父扶养较多的,起诉到法院后,法院也会根据实际情况适当分给其遗产。

【法律依据】

《继承法》第10条:"遗产按照下列顺序继承:第一顺序:配偶、子女、父母。第二顺序:兄弟姐妹、祖父母、外祖父母。继承开始后,由第一顺序继承人继承,第二顺序继承人不继承。没有第一顺序继承人继承的,由第二顺序继承人继承。"

14. 出嫁的女儿能否继承娘家的财产？

【典型案例】

王成与杨玉夫妇生有一子两女,即儿子王全、长女王银英、小女王小英。1955年6月,县政府将王成祖上留下来的三处房子确认为王成、杨玉、王全、王银英、王小英所有。王成和杨玉夫妇去世后,县政府先后为这三处房产以户主王全的名义颁发了宅基地使用证和集体土地建设用地使用证。2009年,县政府对城区进行规划建设,规划征用了该三处住房、附属房、宅基地等,并以王全的名义安置了198.56平方米的建房用地指标。王银英和王小英知道这件事后,找到大哥王全,要求共同继承父母的遗产,但王全却以两个妹妹已经不是娘家人为由,拒绝了妹妹的要求。为此,姐妹二人将大哥王全起诉到法院。法院判决,198.56平方米安置地由兄妹三人共同共有使用。

【法律评析】

子女对父母的遗产享有平等的继承权。在父母死亡后,不管其女儿是否已经出嫁,仍是第一顺序的继承人,都享有继承权,任何人不得以任何理由剥夺这种权利。在农村很多地方,有的人认为嫁出去的女儿就是泼出去的水,跟娘家再也没有任何关系,其实这种想法是错误的。女儿和儿子一样,对于父母的遗产享有的权利是一样的。在事例中,王全以妹妹二人已出嫁为理由,剥夺她们的继承权是不合法的。王银英和王小英对父母遗留下来的遗产享有与王全平等的处分权。所以法院判决王银英、王小英和王全对这198.56平方米建房用地共同共有使用。

虽然出嫁的女儿与儿子享有平等的继承权,但是在实际生活中出嫁的女儿因为种种原因,在父母健在时没有像做儿子的一样尽到赡养义务。因此,法院在判决时,一般在肯定她们享有继承权的基础上,根据权利义务相一致的原则,在分配遗产时会适当少分。当然,有赡养能力和赡养条件的子女虽然与父母共同生活,但对需要赡养的父母不尽赡养义务,在父母去世后分配遗产时,一般会少分甚至不分。

【法律依据】

《继承法》第10条:"遗产按照下列顺序继承:第一顺序:配偶、子女、父母。第二顺序:兄弟姐妹、祖父母、外祖父母。继承开始后,由第一顺序继承人继承,第二顺序继承人不继承。没有第一顺序继承人继承的,由第二顺序继承人继承。"

15. 继承人在什么情况下会丧失继承权?

【典型案例】

何东海夫妇生有三个儿子,长子何金富、次子何金生、三子何金明。何东海妻子在何金明2岁时不幸病故,既当爹又当娘的何东海省吃俭用将三个儿子抚养成人,并帮他们成了家、立了业。何金富、何金生结婚后,就自己建造了房屋,与父亲分开单过了,对父亲的生活也不管不问。但小儿子何金明仍和父亲住在一起。2004年夏,何东海因腰椎间盘突出严重,无法下地劳动,何金富和何金生知道父亲的病情后,不仅不带父亲去医院看病,而且生活费也分文不出。因何金明与父亲生活在一起,所以担负起了赡养父亲的全部义务。2010年10月何东海去世,何金富和何金生要求分割父亲的遗产,并与何金明发生矛盾。为此,何金富和何金生把弟弟何金明起诉到法院。法院经审理认为,何金富和何金生对父母不尽赡养扶助义务,其行为违背了社会主义道德风尚,违反了国家有关法律,故判决不分给其遗产,驳回了何金富和何金明的诉讼请求。

【法律评析】

继承权的丧失,又称为继承权的被剥夺或剥夺继承权,是指继承人因对被继承人或其他继承人犯有某种罪行或者有其他违法行为而被依法剥夺继承资格。根据我国法律规定,继承权在以下四种情况下丧失:

(1)故意杀害被继承人。继承人故意杀害被继承人是一种严重的犯罪行为,凡故意杀害被继承人,不论是既遂还是未遂,不论出于何种动机、采取何种手段,不论是直接杀害还是间接杀害,也不论是否受到刑事责任的追究,均将无可挽回地丧失继承权。但是属于过失杀害和出于正当防卫而危及被继承人生命的,不丧失继承权。

(2)为争夺遗产而杀害其他继承人。继承人为争夺遗产杀害其他继承人的行为,一般要具备两个条件:一是主观上,行为人是为了争夺遗产的目的而实施杀人行为,但是出于其他目的杀害其他继承人的不包括在内。二是客观上,其杀害的对象是其他继承人,杀害继承人以外的人不算。但其他继承人是指其他的法定继承人,不考虑被害人处于什么继承顺序。

(3)遗弃被继承人的,或者虐待被继承人情节严重的。遗弃被继承人,是指依法负有法定义务且具有扶养能力的继承人,对没有独立生活能力的被继承人故意不履行扶养义务的行为。遗弃行为不限于积极的行为,消极的不作为也可构成遗弃。但是,继承人遗弃被继承人,确有悔改表现,而且被继承人生前又表示宽恕的,可不认为其丧失继承权。虐待被继承人,是指继承人在被继承人生前对其以各种手段进行身体上或者精神上的摧残或折磨。继承人虐待被继承人的,并不都丧失继承权,只有虐待情节严重的,才丧失继承权。继承人虐待被继承人情节是否严重,可以从实施虐待行为的时间、手段、后果和社会影响等方面认定。但是,只要继承人虐待被继承人情节严重,不论其行为是否构成犯罪,其是否被追究刑事责任,均丧失继承权。继承人虐待被继承人虽然情节严重,但以后确有悔改表现,并且受虐待的被继承人生前又表示宽恕的,可不确认其丧失继承权。在事例中,何金富和何金生有经济能力,而对没有独立生活能力的父亲拒不履行赡养义务,所以法院驳回他们的诉讼请求是正确的。

(4)伪造、篡改或者销毁遗嘱,情节严重的。遗嘱体现了被继承人的意志,依法订立遗嘱是被继承人处分个人财产的一种方式,受法律保护。所以,伪造、篡改或者销毁遗嘱,都是违法的行为。伪造遗嘱是继承人以被继承人的名义制作假遗嘱,篡改遗嘱是继承人歪曲、改变被继承人的意志,销毁遗嘱是继承人将被继承人所立的遗嘱完全破坏、毁灭。继承人伪造、篡改或者销毁是为了谋求不法利益,情节严重的,自应剥夺继承权。

继承人丧失继承权是一个严肃的法律问题,即使继承人有上述丧失继承权的情况,但任何组织或者个人都无权确认行为人继承权的丧失,必须由人民法院确认。

【法律依据】

《继承法》第7条:"继承人有下列行为之一的,丧失继承权:(一)故意杀害被继承人的;(二)为争夺遗产而杀害其他继承人的;(三)遗弃被继承人的,或者虐待被继承人情节严重的;(四)伪造、篡改或者销毁遗嘱,情节严重的。"

16. 哪些财产属于遗产?

【典型案例】

刘小兰与刘小强是姐弟关系,其父亲刘正富于1949年新中国成立前出走至台湾,在台湾已另成家立业。母亲黄凤一直生活在赣南农村老家,在黄凤晚年患中风后,刘小强因没空照顾母亲,就雇请保姆照顾母亲的起居生活,直至2008年10月黄凤去世。黄凤生前继承祖业遗留的两间木结构房屋,建筑面积为61.52平方米,人民政府在1953年对其给予了确权登记。

1981年,刘小强以母亲黄凤的名义在村里申请集体土地,1983年建了一栋土木结构的新房,用地面积为200.94平方米,建筑面积为142.2平方米。建房时,黄凤和刘小兰都出了力,建房资金主要是刘小强出的。新建的房屋和祖业遗留的房屋均于1994年5月1日以黄凤名义办理了集体土地建设用地使用证。2010年3月,上述房屋纳入灾后重建规划,有关部门与刘小强签订了拆建协议书,补偿安置面积200.1平方米,安置补偿款为23771.61元。刘小兰与刘小强为争夺房屋遗产发生纠纷,最后刘小兰将弟弟刘小强告到法院,要求其对被继承人遗产享有70%的权利并分割拆建补偿款的70%。

法院经审理认为,黄凤遗留的两间祖业老房屋属祖辈遗留的财产,属于遗产范围。1983年以黄凤名义报批兴建的三间房屋一间厨房,占用的是集体土地,属于黄凤及子女自筹、自资、自建的房屋,也属于遗产范围。法院判决,刘小兰继承享有黄凤生前的房屋安置面积60平方米的遗产份额,其余安置面积的遗产份额由刘小强继承,刘小强付给刘小兰拆建安置补偿款计共人民币6255元。

【法律评析】

遗产是指公民死亡时遗留的、可以依法转移给他人的个人合法财产。遗产只存在于由继承开始后到遗产处理结束前这段时间之内。公民在世时所拥有的财产不是遗产,只有在他死亡之后,其民事主体资格丧失,遗留下来的财产才能称为遗产。因此,遗产必须符合以下三个特征:一是必须是公民死亡时遗留的财产;二是必须是公民个人所有的财产;三是必须是合法财产。只有同时具备了这三个特征,财产才能成为遗产被继承。

根据我国《继承法》的规定,遗产的范围主要有:(1)公民的合法收入,如被继承人通过自己劳动所获得的工资、奖金、劳动报酬等。(2)公民的私有房屋、储蓄、生活用品。需要注意的是,公民的私有房屋可以作为遗产,但宅基地的所有权不属于公民个人,因此不是遗产;储蓄是公民在金融机构的存款,作为遗产的储蓄既包括本金也包括利息;公民的生活用品指满足公民消费需要的物质资料,既包括普通生活用品,也包括高档消费品,如装饰品、生活用机动车等。(3)公民的林木、牲畜和家禽。这些财产所有权的拥有者主要是居住在农村和乡镇的公民。我国国家政策允许依法占有、使用公有土地和荒山植树造林的,谁种谁有,因此可以被继承。(4)公民的文物、图书资料。凡是按照我国法律规定可以由公民个人所有的义物和图书资料,不管其是如何的珍贵,都可以被继承。(5)法律允许公民所有的生产资料。(6)公民的著作权、专利权中的财产权利。公民著作权中的财产权,即公民通过创作文字作品,口述作品,音乐、戏剧、曲艺、舞蹈作品,美术、摄影作品,电影、电视、录像作品,工程设计、产品设计图纸及说明、地图、示意图等图像作品,计算机软件以及法律、行政法规规定的其他作品,依法应由个人享有的许可他人使用并由此而获得报酬的权利,都可以作为遗产继承。但著作权中的人身权,如署名权、修改权和保护作品完整权不能作为遗产而被继承。公民专利权中的财产权,即公民作为专利人,对他已经取得专利发明、创造成果在处分过程中所获得的财产权利。(7)公民的其他合法财产。这主要是指他物权、债权和债务。在事例中,安置地和安置补偿款都属于遗产的范围,所以应由黄凤的儿子刘小强和女儿刘小兰依法继承。

【法律依据】

《继承法》第3条:"遗产是公民死亡时遗留的个人合法财产,包括:(一)公民的收入;(二)公民的房屋、储蓄和生活用品;(三)公民的林木、牲畜和家禽;(四)公民的文物、图书资料;(五)法律允许公民所有的生产资料;(六)公民的著作权、专利权中的财产权利;(七)公民的其他合法财产。"

17. 有多份遗嘱,应按哪份执行?

【典型案例】

曾大春和妻子陈英生育了两个儿子,在两个儿子都已成家立业后,陈英不幸病逝。妻子去世后,曾大春也辞去了城里的工作回到了老家。在外工作的几年里,曾大春省吃俭用,积攒了10万元存款。曾大春回到老家后,大儿子曾智主动叫父亲同他们一起生活。2001年8月,曾大春到公证处办理了一份公证遗嘱,表示其死后10万元存款由小儿子曾慧继承4万元,剩余的6万元及其他物品由大儿子曾智继承。2003年2月,曾大春因患病,生活无法自理,起初曾智夫妇还会精心照料,可没过半年就厌烦了。后来,小儿子曾慧夫妇便主动将父亲接到自己家中和自己一起共同生活,并细心照料。曾大春就觉得当初所立的遗嘱是错误的,这样对小儿子不公平。于是曾大春重新亲笔书写了一份遗嘱,写明其死后的存款10万元由小儿子曾慧继承7万元及其他物品,剩余的3万元由大儿子曾智继承。2009年12月,曾大春病逝,兄弟两人在处理父亲遗产的过程中发生争执,曾智要求按照公证遗嘱处理遗产,曾慧则要求按照父亲的手书遗嘱分配遗产。最后,兄弟两人闹到了法院。法院判决,按公证遗嘱内容对曾大春的遗产进行分配。

【法律评析】

我国《继承法》规定,公民可以立遗嘱处分自己的个人财产,将自己财产指定由法定继承人继承,还可以将个人的财产赠给国家、集体或法定继承人以外的第三人。根据我国法律规定,目前遗嘱有五种形式,即公证遗嘱、自书遗嘱、代书遗嘱、录音遗嘱和口头遗嘱。但每种遗嘱都有不同的要求,立遗嘱人可根据自身的情况确定所立遗嘱的形式,只要所立遗嘱符合法律规定的要求,都能得到法律的保护。如有效代书遗嘱要符合三个条件:(1)要有两个以上合格的见证人当场见证;(2)其中一个见证人代书;(3)代书人、其他见证人、遗嘱人均要签名。如果上述三个条件缺少一个就是无效的代书遗嘱。录音遗嘱、口头遗嘱也都必须要两个以上合格见证人在场见证,否则无效。

在现实生活中,有的遗嘱人在生前就如何处理其遗产立下了多份遗嘱,以致在其死后继承人因按哪份遗嘱分割遗产而发生分歧,产生不必要的矛盾。如果被继承人留有数份内容冲突的不同形式的遗嘱,有公证遗嘱的,按公证遗嘱处理。如有数份公证遗嘱的,就按最后一份公证遗嘱处理。如没有公证遗嘱的,以最后那份遗嘱为准。在事例中,曾大春生前所立两份遗嘱,无论内容上还是形式上都符合《继承法》有关规定,都是有效遗嘱。其后一份遗嘱的目的在于改变前一份遗嘱对自己财产处理不当的地方。但前一份遗嘱是公证遗嘱,其效力最高,后一份遗嘱是自书遗嘱,而自书遗嘱是不能撤销、改变公证遗嘱的。这就是法院判决的理由。

还有一种情况就是,被继承人生前所立的遗嘱内容,与平时自己所表现的行为不一致。如张三立遗嘱时写明在其死后将存款20万归李四所有,但张三立遗嘱后便将这些钱部分又用来买了其他东西或赠给了他人。这时遗嘱应视为被撤销或者部分被撤销,被花去的部分就不存在继承的问题。

虽然公民可以立遗嘱处分个人财产,但有下列情况之一的,遗嘱无效:(1)限制行为能力人或无行为能力人所立的遗嘱;(2)受胁迫、欺骗而立的遗嘱;(3)伪造的遗嘱;(4)被篡改部分的遗嘱内容;(5)处分了属于国家、集体、他人所有的财产的遗嘱部分;(6)遗嘱未对缺乏劳动能力又没有生活来源的继承人保留必要的遗产的份额的,对应当保留的必要份额的处分无效。

【法律依据】

《继承法》第20条:"遗嘱人可以撤销、变更自己所立的遗嘱。立有数份遗嘱,内容相抵触的,以最后的遗嘱为准。自书、代书、录音、口头遗嘱,不得撤销、变更公证遗嘱。"

18."养老送终"协议可以解除吗?

【典型案例】

宋平阳和妻子结婚后,因妻子不能生育,在妻子过世后宋平阳就一个人居住。之后,宋平阳的远房亲戚吴兴伟找到了自己,表示愿意照顾他,并同意为其养老送终。而后,宋平阳与吴兴伟签订了一份协议。协议约定:吴兴伟自愿照顾宋平阳,平时上班时间安排保姆照顾宋平阳,节假日吴兴伟同宋平阳一起居住生活,而且每半年带宋平阳体检一次;如果宋平阳生病,吴兴伟必须请假陪宋平阳就医;宋平阳去世后,其所有的140平方米的住房归吴兴伟所有;如果吴兴伟不履行协议约定,宋平阳有权解除该协议。协议签订后的半年内,吴兴伟按照协议的约定,帮宋平阳请了保姆,而且一放假就和宋平阳共同生活。而后,因宋平阳年老体弱,经常要吴兴伟请假带他去医院看病,吴兴伟觉得有点不耐烦,经常以请不到假为借口,叫保姆陪宋平阳看病,而且还经常以单位放假要加班为由,也不来宋平阳家居住。为此,宋平阳将吴兴伟告上了法庭,要求解除与吴兴伟签订的这份协议。吴兴伟在法庭上辩称,这份协议是双方的真实意思表示,是合法有效的,自己不是没有履行协议,而是因为特殊情况有时无法履行,并表示以后愿意履行协议。法院判决解除宋平阳与吴兴伟签订的遗赠扶养协议。

【法律评析】

宋平阳与吴兴伟签的协议在法律上叫作遗赠扶养协议。所谓遗赠扶养协议,是指受扶养人和扶养人之间订立的,由扶养人承担受扶养人的生养死葬的义务,受扶养人自己的财产在其死后转归扶养人所有的协议。自愿合法达成的协议,任何一方都不能随意变更或者撤销,如果给对方造成损失的,还要承担赔偿损失的责任。但这并不是说,一旦签订了遗赠扶养协议就不可以解除,因为该协议约定了双方的权利义务,如果扶养人对受扶养人不履行生养死葬的义务、不妥善安排受扶养人的生活、虐待受扶养人或者随意中断对受扶养人的扶养和照顾,受扶养人可以解除遗赠扶养协议,而且无须支付扶养人为供养受扶养人而支付的扶养费。在事例中,吴兴伟无正当理由经常不履行协议约定,没尽到照顾宋平阳的义务。所以,法院判决解除宋平阳与吴兴伟签订的遗赠抚养协议。被扶养人也应当遵守协议的约定,不能将协议中约定给扶养人的财产,用遗嘱的方式及其他手段处分给扶养人以外的人,被扶养人无正当理由不遵守协议,致使协议解除的,应补偿扶养人在履行约定中已支付的供养费。

【法律依据】

《继承法》第31条:"公民可以与扶养人签订遗赠扶养协议。按照协议,扶养人承担该公民生养死葬的义务,享有受遗赠的权利。"

《最高人民法院关于贯彻执行<中华人民共和国继承法>若干问题的意见》第56条:"扶养人或集体组织与公民订有遗赠扶养协议,扶养人或集体组织无正当理由不履行,致协议解除的,不能享有受遗赠的权利,其支付的供养费用一般不予补偿;遗赠人无正当理由不履行,致协议解除的,则应偿还扶养人或集体组织已支付的供养费用。"

19. 父债要不要子还?

【典型案例】

刘家屯的刘老汉平常因在家没有正业,觉得总闲着也不是一回事儿,就向邻居刘五借了2000元钱买了250个仔鸡放养,并给刘五写下欠条一张。一天,刘老汉突发心肌梗死不幸去世。刘老汉的儿子刘大壮为了老爹的丧事也没有顾得上管理这些仔鸡,以致这些小鸡死的死、跑的跑,当刘大壮腾出空来的时候,小鸡仅仅剩下100只。因刘大壮平时在工地上打工,很少有时间照料这些小鸡,最后决定把这100只小鸡拿到市场上卖掉,得到人民币500元。后来,刘五找到刘大壮说:"你爹当时向我借了2000元钱买鸡,现在你爹走了,这2000元钱得由你这做儿子的来偿还。"刘大壮说:"我爹借你的钱你找我爹要去,跟我一点关系也没有,让我还钱没门。"刘五一气之下将刘大壮告到法院,要求刘大壮替其父偿还2000元债务。法院判决,由刘大壮偿还刘五500元,余款由刘五自行承担。

【法律评析】

俗话说"父债子还、天经地义",但"子"一定要偿还父债吗?根据我国法律的相关规定,"父债子还"却是有条件的。因为父亲与儿子是两个独立的民事主体,不能因血缘关系的原因而混为一谈。父债就是父亲作为主体与他人发生的债权、债务关系,与其子女没有关系。在父亲死亡后,按照我国《继承法》的有关规定,继承遗产应偿还被继承人生前所欠债务,但应以遗产实际价值为限,超出部分,继承人不负偿还义务。儿子作为继承人当然要受上述规定约束,以遗产实际价值为限偿还被继承人所欠债务,也不能说是"父债子还"。《继承法》还规定,被继承人生前所欠债务超出遗产价值部分,继承人自愿偿还的,不在此限。在事例中,刘老汉死亡后,除了100只小鸡,没有给其儿子刘大壮留下任何其他遗产。但这100只小鸡可以认定为是刘老汉的遗产,所以刘大壮应以遗产实际价值为限偿还其父刘老汉所欠刘五的债务,所超出的部分只能由刘五自己承担。这就是法院判决的理由。当然,如果刘大壮还没有来得及回过头管这些小鸡,最后小鸡都死了,那么刘大壮就没有继承其父亲的任何遗产,也就不存在偿还父债的问题。

还有一个问题值得注意,如果在事例中,刘大壮缺乏劳动能力又没有生活来源,即使刘老汉的遗产不足清偿刘五的债务,也应当为刘大壮保留适当的遗产,然后再按照相关法律的规定清偿债务。

在现实生活中,我们也能看到很多子女自愿为父母偿还欠债,这作为中华民族的一种优良传统应予支持、鼓励、提倡。但在法律上,子女的确没有替父母偿还债务的义务。

【法律依据】

《继承法》第33条:"继承遗产应当清偿被继承人依法应当缴纳的税款和债务,缴纳税款和清偿债务以他的遗产实际价值为限。超过遗产实际价值部分,继承人自愿偿还的不在此限。继承人放弃继承的,对被继承人依法应当缴纳的税款和债务可以不负偿还责任。"

第二章　人身侵权损害赔偿纠纷

1.孩子致人伤害,应承担赔偿责任吗?

【典型案例】

星期天,飞飞(5岁)和东东(4岁)一起去山上玩。飞飞在草堆里拾到一块玻璃片,见玻璃片闪闪发光特别好看,于是对东东说:"我用你的脸来试试这块玻璃锋利不?"说罢,飞飞就把玻璃片往东东脸上划,东东哇地大哭起来,脸上被划出一条长长的口子。之后两家父母交涉未果,东东父母遂准备通过诉讼程序解决此事。经咨询律师,东东的父母得知:不应起诉飞飞的父母,而应该直接起诉飞飞,将飞飞的父母列为法定代理人。法院经审理认为飞飞未满10岁,属于无民事行为能力人,其行为造成他人损害,依法应由飞飞的监护人,即飞飞的父母承担赔偿责任。

【法律评析】

孩子虽小,但其行为造成他人损害的,也应承担责任,只不过是由其监护人来承担赔偿责任。这里首先要明确几个概念。在法律上,根据人的年龄和精神状况可将人分成三种:一种是无民事行为能力人,即未满10周岁或者完全不能辨认自己行为的精神病人,飞飞未满10岁,就属于这种情形;第二种是限制民事行为能力人,即已满10周岁的未成年人或者不能完全辨认自己行为的精神病人;第三种是完全民事行为能力人,即18周岁以上的成年人,或者16周岁以上不满18周岁的以自己的劳动收入为主要生活来源的人。如果是完全民事行为能力人致人伤害,那么自负其责,如果是无民事行为能力人、限制民事行为能力人造成他人损害,则由监护人承担侵权责任。

监护人是什么呢? 简单地说,孩子的父母就是孩子的监护人,如果孩子的父母死亡或患精神疾病,下列人员中有监护能力的可以担任监护人:(1)祖父母、外祖父母;(2)兄、姐;(3)关系密切的其他亲属、朋友愿意承担监护责任,并经未成年人的父、母的所在单位或者未成年人住所地的居民委员会、村民委员会同意;(4)未成年人的父、母的所在单位或者未成年人住所地的居民委员会、村民委员会或者民政部门。孩子伤人,由监护人赔偿是一般原则,如果孩子是百万富翁,就另当别论了。上述案例中,如果飞飞的爷爷在去世时留给飞飞一大笔遗产,并且指定飞飞是唯一的继承人,那么在这种情况下,应由飞飞从本人的财产中支付赔偿费用,不足部分才由监护人赔偿。

孩子伤人还涉及诉讼主体问题,尽管一般是由孩子的父母承担赔偿责任,但是起诉状中的原被告应列孩子而不是父母,因为直接侵权人还是孩子本人,只是因为其年幼不能独立参加诉讼,才由其父母作为法定代理人代为参加诉讼而已。《民事诉讼法》规定,无诉讼行为能力人由他的监护人作为法定代理人代为诉讼。法定代理人之间互相推诿代理责任的,由人民法院指定其中一人代为诉讼。因此,案例中的原告是东东,东东的父母是其法定代理人,被告是飞飞,飞飞的父母是其法定代理人。

【法律依据】

《侵权责任法》第32条:"无民事行为能力人、限制民事行为能力人造成他人损害的,由监护人承担侵权责任。监护人尽到监护责任的,可以减轻其侵权责任。有财产的无民事行为能力人、限制民事行为能力人造成他人损害的,从本人财产中支付赔偿费用。不足部分,由监护人赔偿。"

《民法通则》第16条:"未成年人的父母是未成年人的监护人。未成年人的父母已经死亡或者没有监护能力的,由下列人员中有监护能力的人担任监护人:(一)祖父母、外祖父母;(二)兄、姐;(三)关系密切的其他亲属、朋友愿意承担监护责任,经未成年人的父、母的所在单位或者未成年人住所地的居民委员会、村民委员会同意的。对担任监护人有争议的,由未成年人的父、母的所在单位或者未成年人住所地的居民委员会、村民委员会在近亲属中指定。对指定不服提起诉讼的,由人民法院裁决。没有第1款、第2款规定的监护人的,由未成年人的父、母的所在单位或者未成年人住所地的居民委员会、村民委员会或者民政部门担任监护人。"

2. 见死不救属于侵权吗?

【典型案例】

父母经常告诫毛毛(7岁)不要到鱼塘边玩,但毛毛就是不听。一天,毛毛在鱼塘边玩耍时突然掉入水中。在鱼塘的另一侧,李丽和王媚正在洗衣服。二人见状后,不但不去叫人,反而在那里看热闹。几分钟后,毛毛沉了下去,李丽这才叫人施救,最终毛毛溺水身亡。毛毛的父母认为李丽和王媚见死不救,应承担赔偿责任,遂将二人起诉至法院。法院审理后认为,李丽和王媚没有救助义务,二人也没有实施侵权行为,因此不承担赔偿责任。但二人的行为应受到社会的谴责。

【法律评析】

该案例涉及两个问题:一个是法律和道德的界限问题,另一个是侵权行为问题。

法律和道德是有区别的。法律是国家制定并认可的,由国家的强制力保证实施的行为规范。道德是存在于人们内心中的,对正义与邪恶、荣誉与耻辱、公正与偏私等的判断标准和对美好事物的向往。道德也是一种行为规范,与法律相比,道德是无形的行为规范。法律和道德的关系是:法律是道德的最低界限,也就是说,违反道德的行为不一定触犯法律,但违反法律的行为一定触犯了道德。李丽和王媚的行为虽然应该受到谴责,但是她们在法律上却并没有救助的义务,因此不承担民事或刑事责任。法律作为一种社会规范,不可能、也不应该调整生活的所有方面,否则生活会变得死板,制度会显得苛严。生活中的很多领域是由道德、宗教等其他规范来调整的,例如恋爱关系等。

从行为角度分析,李丽和王媚没有侵权行为。侵权行为是侵权责任不可或缺的要件,只有损害后果而没有侵权行为,不构成侵权责任。当然,有人会提出质疑:李丽和王媚的行为体现为一种不作为,不作为也是一种行为。不错,法律有时确实会对行为做广泛的界定,认定不作为的行为也构成侵权。但是不作为构成侵权的前提是主体存在先行行为,导致其承担某种安全保护义务。例如将上例改为:李丽和王媚主动带毛毛去鱼塘边玩,毛毛不慎落水,李丽和王媚却无动于衷,最终导致毛毛溺水身亡。如果情形是这样,则李丽和王媚涉嫌故意杀人,二人将面临严厉的刑事制裁和巨额的民事赔偿。但是本案中,李丽和王媚都是"局外人",是毛毛自己跑去鱼塘边玩导致溺水身亡的,二人没有先行行为,因此不承担法律责任。

【法律依据】

《侵权责任法》第6条:"行为人因过错侵害他人民事权益,应当承担侵权责任。"

3. 当人身损害发生时,谁有权提起赔偿诉讼?

【典型案例】

小丽和小红是邻居,两人都在一个中学读书,二人形同姊妹,天天结伴而行。一天傍晚,一辆大卡车从街上疾驰而过,放学回家的小丽和小红都被撞倒在地。小丽多处骨折,而小红则因为失血过多而死亡。经查,司机小王当天喝多了酒,属于醉酒驾车。

【法律评析】

对于肇事司机,应由谁去法院起诉呢?法律规定以下四类主体可以提起诉讼:(1)因侵权行为或者其他致害原因直接遭受人身损害的受害人有权提起诉讼;(2)侵权致使受害人丧失劳动能力或导致伤残的,依法由受害人承担扶养义务的被扶养人提起诉讼;(3)受害人死亡的,依法由受害人承担扶养义务的被扶养人以及死亡受害人的近亲属提起诉讼;(4)被侵权人死亡的,支付被侵权人医疗费、丧葬费等合理费用的人有权请求侵权人赔偿费用。

被扶养人包括:(1)受害人依法应当承担扶养义务的未成年人。具体包括:受害人的未成年子女;父母已经死亡或父母无力扶养的受害人的未成年孙子女、外孙子女;父母已经死亡或父母无力扶养的受害人的弟、妹等。(2)受害人依法应当承担扶养义务的丧失劳动能力又无其他生活来源的成年近亲属。具体包括:丧失劳动能力又无其他生活来源的受害人的配偶;丧失劳动能力又无其他生活来源的受害人的父母、继父母;受害人不能独立生活的成年子女;子女已经死亡或子女无力赡养的受害人的祖父母、外祖父母;缺乏劳动能力又缺乏生活来源的受害人的兄、姐等。

近亲属包括:配偶、父母、子女、兄弟姐妹、祖父母、外祖父母、孙子女、外孙子女。子女,包括婚生子女、非婚生子女、养子女和有扶养关系的继子女。父母,包括生父母、养父母和有扶养关系的继父母。兄弟姐妹,包括同父母的兄弟姐妹、同父异母或者同母异父的兄弟姐妹、养兄弟姐妹、有扶养关系的继兄弟姐妹。

本案中,小丽作为直接被侵权人,可以提起诉讼。小红因侵权行为而死亡,其父母可提起诉讼。那么为什么小红的爷爷和奶奶没有原告身份呢?这里应注意的是,不是所有的近亲属都可以一并主张赔偿请求。《继承法》将近亲属分成两个不同的顺位,第一顺位是配偶、子女和父母,第二顺位是兄弟姐妹、祖父母、外祖父母。继承开始后,先由第一顺序继承人继承,没有第一顺序继承人的,才由第二顺序继承人继承。由于死亡赔偿金被视为遗产的一部分,当存在不同顺序近亲属的情况下,只有顺序最前的近亲属才有权利提出赔偿请求。因此在本案中,小红的父母作为第一顺序的近亲属有权提起诉讼,而小红的爷爷和奶奶则不能直接提起诉讼,如果小红只有爷爷和奶奶,那么此时两位老人可以作为原告提起诉讼。

【法律依据】

最高人民法院《关于审理人身损害赔偿案件适用法律若干问题的解释》(以下简称《人身损害赔偿解释》)第1条第2款:"本条所称'赔偿权利人',是指因侵权行为或者其他致害原因直接遭受人身损害的受害人、依法由受害人承担扶养义务的被扶养人以及死亡受害人的近亲属。"

《侵权责任法》第18条:"被侵权人死亡的,其近亲属有权请求侵权人承担侵权责任。被侵权人为单位,该单位分立、合并的,承继权利的单位有权请求侵权人承担侵权责任。被侵权人死亡的,支付被侵权人医疗费、丧葬费等合理费用的人有权请求侵权人赔偿费用,但侵权人已支付该费用的除外。"

最高人民法院《关于贯彻〈中华人民共和国民法通则〉若干问题的意见》(以下简称《民通意见》)第12条:"民法通则中规定的近亲属包括配偶、父母、子女、兄弟姐妹、祖父母、外祖父母、孙子女、外孙子女。"

4. 共同危险行为如何担责?

【典型案例】

一群孩子在一起嬉戏,小刘称自己是超人,能躲过子弹,于是让同伴小赵、小王和小李一起向自己扔石子儿。在躲过"枪林弹雨"之后,小刘被一记"冷枪"击中,挂了彩。小赵称自己都是往旁边扔石子,并未真的往小刘身上扔,并有在场大人做证。小王和小李均称不是自己扔的,但无法举证。此案主要涉及小赵是否免责的问题。

【法律评析】

三个孩童的行为在法律上称为共同危险行为,即二人以上共同从事危及他人人身、财产安全的行为,仅其中一人或者数人的行为造成他人损害,但不能确定具体侵权人。共同危险行为具有如下四个特征:(1)数人没有意思联络,即各个行为主体之间对加害行为缺乏共同的认识,否则就成为共同侵权了;(2)共同实施危险行为,即共同从事危及他人人身、财产安全的行为,这里注意仅仅是"危及"而不是直接地侵害;(3)一人或者数人的行为已经造成损害后果,即损害事实已经出现,"危及"有可能变成现实;(4)加害人不明,即从因果关系的角度观察,只知道是多人的共同行为导致了损害结果,但究竟是数人中谁的行为所致难以认定。

对于共同危险行为,法律规定除非行为人能够确定具体侵权人,否则所有的行为人都要承担连带责任。如上例中的小赵、小王和小李,他们中只有一个人扔的石子儿击中了小刘,但是搞不清楚究竟是谁。在这种情况下,仅仅证明自己扔的石头没有击中受害人是无济于事的,必须证明确切的侵权人才能使自己免责。比如小赵,他虽然能够提出证人证明其一直都是往旁边扔石子儿,并未真的往小刘身上扔,但是由于他无法证明最终的侵权人,所以仍然要和小王、小李一起承担连带责任。当然,如果小赵提出证据证明就是小王扔的石子儿击中了小刘(如通过现场录像的回放证明这一点),那么只有小王承担赔偿责任,小赵和小李均可免责。

【法律依据】

《侵权责任法》第10条:"二人以上实施危及他人人身、财产安全的行为,其中一人或者数人的行为造成他人损害,能够确定具体侵权人的,由侵权人承担责任;不能确定具体侵权人的,行为人承担连带责任。"

5. 孩子在学校受伤,学校应当承担赔偿责任吗?

【典型案例】

案例一:小明(9岁)在学校上体育课时,不小心从双杠上掉下,导致小腿骨折。小明的父母作为法定代理人将学校起诉至法院。小明的父母称学校没有尽到教育、管理职责,学校称老师之前已经给小明讲解了如何使用双杠,并叮嘱不要独自使用双杠,但双方都没有举出足够的证据证明自己的观点。法院最终判决学校败诉,应承担对小明的赔偿责任。

案例二:小刚(12岁)在学校上体育课时,不小心从双杠上掉下,导致小腿骨折。小刚的父母作为法定代理人将学校起诉至法院。小刚的父母称学校没有尽到教育、管理职责,学校称老师之前已经给小刚讲解了如何使用双杠,并叮嘱不要独自使用双杠,但双方都没有举出足够的证据证明自己的观点。最终法院判决学校胜诉,不承担赔偿责任。

【法律评析】

学校对孩子有教育、管理的责任,毋庸置疑。孩子在学校受伤,只要是因为学校疏于管理所致,学校就应当承担责任。这里有一个非常关键的问题:学校疏于管理由谁来承担证明责任?我们知道,打官司,就是打证据。如果由学校来承担证明责任,学校就要耗费精力,去调查搜集能够证明自己尽到管理责任的证据,否则举不出证据或者虽然举出证据却达不到证明的效果,学校就要承担败诉的后果,这对于学校来说显然是不利的。同样的道理,如果由孩子一方来承担证明责任,孩子一方也要耗费精力,去调查搜集能够证明学校没有尽到管理责任的证据,否则孩子一方就要承担败诉的后果。可见,在学校是否存在过错真伪不明的情况下,谁承担证明责任,谁就要承担败诉的后果。

根据孩子的年龄,法律对举证责任的分配做出了不同的规定。如果孩子是不满10岁的无民事行为能力人,则由学校来承担证明自己没有过错的举证责任;如果孩子是已满10岁、未满18岁的限制民事行为能力人,则由孩子一方来承担证明学校有过错的举证责任。由此可以看到,对于无民事行为能力人的受伤问题,学校承担的是过错推定责任;对于限制民事行为能力人的受伤问题,学校承担的是过错责任,其责任程度较前者稍轻。

案例一中的小明年龄9岁,是无民事行为能力人,因此由学校来承担举证责任,由于学校没有举出足够的证据证明自己尽到教育、管理职责,因此学校败诉。案例二与案例一的情节完全一致,只是孩子的年龄是12岁,即限制民事行为能力人,仅此差别就导致举证责任分配的不同,即应由孩子一方就学校没有尽到教育、管理职责承担举证责任。由于孩子一方没能举出充分证据,因此孩子一方败诉。同样的情形,因举证责任分配不同而导致结果大相径庭。这也印证了一句法谚:"举证之所在,败诉之所在。"

【法律依据】

《侵权责任法》第38条:"无民事行为能力人在幼儿园、学校或者其他教育机构学习、生活期间受到人身损害的,幼儿园、学校或者其他教育机构应当承担责任,但能够证明尽到教育、管理职责的,不承担责任。"

《侵权责任法》第39条:"限制民事行为能力人在学校或者其他教育机构学习、生活期间受到人身损害,学校或者其他教育机构未尽到教育、管理职责的,应当承担责任。"

6. 乡长随意打人,如何才能讨个公道?

【典型案例】

某乡的乡长叫段仁,熊某是该乡的普通村民。熊某为多挣点钱,在村里的一个路口摆摊卖鸡蛋灌饼,去城里上班的年轻人都喜欢在熊某摊上买早餐。但段仁认为,熊某私自摆摊设点,影响了乡容乡貌。有一天,段仁派办公室的人把熊某抓了起来,关在乡长办公楼里的一间小房间,一关就是一整天。在关押期间,熊某遭到殴打。熊某及其家人认为乡长不该随意抓人,更不该打人,但又说不出法律依据。熊某找到城里的刘律师,在律师的帮助下,熊某向乡政府提出行政赔偿申请。乡政府哪里肯赔偿,于是熊某向法院提起诉讼,要求乡政府就乡长的违法行为给予赔偿,最终法院支持了熊某的主张,乡长段仁也遭到了记大过的行政处分。

【法律评析】

国家机关工作人员在执行职务的过程中伤害他人,应该由国家机关而不是工作人员来承担责任。由国家机关对公民个人承担的赔偿责任,不是平等主体之间的民事责任,而是行政赔偿责任。

行政赔偿与民事赔偿的区别有五点:(1)行政赔偿责任是由特殊主体,即国家机关工作人员的职务行为引起的,而民事赔偿责任是由普通老百姓的一般侵权行为引起的。(2)行政赔偿责任的基础是国家和公民之间的管理与被管理、服务与被服务的关系,而民事赔偿责任的基础则是平等主体之间的民事法律关系。(3)行政赔偿责任由违法的职务行为引起,只要存在法定的违法职务行为,国家就要承担行政赔偿责任。而民事责任的构成必须是行为人有过错,在特殊情况下,行为人无过错也同样构成民事责任。(4)行政赔偿责任中赔偿的取得,应先通过行政程序直接向赔偿义务机关索赔,然后才能诉诸法院,而民事赔偿的受害人可直接向人民法院起诉。(5)行政赔偿责任的责任承担方式以金钱赔偿为主,而民事赔偿责任除了金钱赔偿外,还有恢复原状、排除妨害、赔礼道歉等。

如果国家机关工作人员在行使职务的过程中以殴打、虐待等行为,或者唆使、放纵他人以殴打、虐待等行为造成公民身体伤害或者死亡,或者违法使用武器、警械造成公民身体伤害或者死亡,受害人或者死亡公民的继承人和其他有扶养关系的亲属有权要求做出行政行为的行政机关给予赔偿。

赔偿的程序如下:(1)赔偿请求人要求赔偿,应当先向赔偿义务机关提出,也可以在申请行政复议或者提起行政诉讼时一并提出。(2)受害人向赔偿义务机关递交赔偿申请书,载明受害人的姓名、性别、年龄、工作单位和住所,具体的要求、事实根据和理由以及申请的年、月、日。(3)赔偿义务机关应当自收到申请之日起2个月内做出是否赔偿的决定。如果赔偿义务机关超过2个月不予理睬,那么受害人可以自期限届满之日起3个月内,向人民法院提起诉讼。如果赔偿义务机关同意赔偿,但赔得过少,或者干脆回复说不同意赔偿,那么受害人可以自赔偿义务机关做出赔偿或者不予赔偿决定之日起3个月内,向人民法院提起诉讼。(4)法院做出最终判决。

值得注意的是,由受害人直接向人民法院起诉侵权人的,此时侵权人承担的是普通的民事赔偿责任。行政机关工作人员与行使职权无关的个人行为致人伤害,比如乡长在星期天买菜时殴打村民,致人伤害,则承担民事赔偿责任。因公民自己的行为致使损害发生的,比如警察抓小偷,小偷因害怕被抓采取一些行为而受重伤,国家则不承担赔偿责任。

国家对受害人进行行政赔偿后,那些违法的官员并不能逍遥法外。法律规定,赔偿义务机关赔偿损失后,应当责令有故意或者重大过失的工作人员,或者受委托的组织或者个人承担部分或者全部赔偿费用。对有故意或者重大过失的责任人员,有关机关应当依法给予处分;构成犯罪的,应当依法追究刑事责任。案例中的乡长违法限制熊某人身自由并造成熊某伤害,熊某有权向法院提起行政赔偿诉讼,从而获得赔偿,违反法律规定的乡长也因此受到处分。

老百姓是政府的衣食父母,是国家和社会的主人。我国越来越强调依法治国,建设社会主义法治国家。因此,当您的权益受到国家机关及其工作人员的不法侵害时,您有权通过法律途径讨个说法。

【法律依据】

《国家赔偿法》第2条:"国家机关工作人员行使职权,有本法规定的侵犯公民、法人和其他组织合法权益的情形,造成损害的,受害人有依照本法取得国家赔偿的权利。本法规定的赔偿义务机关,应当依照本法及时履行赔偿义务。"

《国家赔偿法》第3条:"行政机关及其工作人员在行使行政职权时有下列侵犯人身权情形之一的,受害人有取得赔偿的权利:(一)违法拘留或者违法采取限制公民人身自由的行政强制措施的;(二)非法拘禁或者以其他方法非法剥夺公民人身自由的;(三)以殴打、虐待等行为或者唆使、放纵他人以殴打、虐待等行为造成公民身体伤害或者死亡的;(四)违法使用武器、警械造成公民身体伤害或者死亡的;(五)造成公民身体伤害或者死亡的其他违法行为。"

《国家赔偿法》第7条:"行政机关及其工作人员行使行政职权侵犯公民、法人和其他组织的合法权益造成损害的,该行政机关为赔偿义务机关。"

7. 义务帮工致人伤害,谁来承担责任?

【典型案例】

案例一:老王将数箱蜜蜂放在自家院中槐树下采蜜。与此同时,春桃在隔壁刘某家帮助刘某筹办婚宴。春桃在帮刘某喂猪的时候忘了关猪圈,猪冲入老王家院内,撞翻了蜂箱,使来老王家串门的小红被蜇伤,经住院治疗后痊愈。小红的损失应由谁来赔偿?老王、刘某还是春桃?

案例二:村民甲在自家的宅基地建房,邻居乙和丙趁农闲每天前来帮忙。一天,乙、丙二人相互配合,由乙在丈高的墙前投掷砖块,丙在丈高的墙后接应。期间,乙扔来一块砖头,丙未接住,恰巧砸在路过此地的村民王大妈头上,花去医疗费1000元。那么本案中谁是责任人?

【法律评析】

俗话说："远亲不如近邻"，邻里之间或者亲朋好友之间互相帮助是常有的事儿。法律上称义务帮助他人、无偿提供劳务的人为帮工人，称接受帮助的人为被帮工人。义务帮工人致人损害，责任由谁承担呢？以下三大规则给出了答案：

（1）在一般情况下，帮工人在帮工活动中致人损害的，由被帮工人承担赔偿责任。这主要是考虑到帮工人是出于亲朋好友的情分来帮忙的，被帮工人无偿获得了利益。据此，帮工人在帮工活动中致人损害的，应当由被帮工人承担赔偿责任。

（2）被帮工人明确拒绝帮工的，不承担责任。一般情况下，帮工人是应被帮工人的请求参加帮工活动的。但有时，被帮工人并没有邀请帮工人参加帮工活动，而是帮工人在得知被帮工人存在困难后，主动伸出援助之手。此时，如果被帮工人明确拒绝，则对后续发生的侵权事件不承担责任，但如果被帮工人接受了帮助，那还是适用以上规则，由被帮工人来承担责任。

（3）帮工人存在故意或重大过失的，赔偿权利人请求帮工人和被帮工人承担连带责任的，人民法院应予支持。被帮工人在帮助活动中受益是有限的，不能要求被帮工人对帮工人的所有侵权行为都承担赔偿责任，如帮工人自身对侵权行为存在故意或重大过失，应当与被帮工人共同对受害人承担连带赔偿责任。

案例一中，帮工人春桃忘记关猪圈，并非故意或重大过失，因为一般人不可能预见到猪会跑到他人家中撞翻蜂箱并致使某人被蜇伤。同时，刘某接受了春桃的帮助，因此春桃忘关猪圈导致小红被蜇伤，应由刘某来承担责任。

案例二中，乙和丙在丈高的墙前后抛掷砖头，应当预见到可能会对第三人造成伤害，因此存在重大过失。对于王大妈的损害，帮工人乙和丙以及被帮工人甲三人应承担连带责任。

【法律依据】

《人身损害赔偿解释》第13条："为他人无偿提供劳务的帮工人，在从事帮工活动中致人损害的，被帮工人应当承担赔偿责任。被帮工人明确拒绝帮工的，不承担赔偿责任。帮工人存在故意或者重大过失，赔偿权利人请求帮工人和被帮工人承担连带责任的，人民法院应予支持。"

8.发生人身伤害后，受害人可以要求哪些赔偿？

【典型案例】

刘某和闫某因选举村主任意见不合，发生殴斗。刘某用铁锹猛击闫某的头部，郭某和王某连忙上前阻拦。刘某不顾劝解，仍然朝闫某打去，并且高呼："谁拦我，就打谁！"结果，闫某被打死，郭某被打伤胳膊，经鉴定属于9级伤残，王某也受了轻伤，经鉴定不构成伤残。闫某、郭某和王某可获得哪些赔偿？

【法律评析】

从损害结果看,人身损害可分为三种:致人死亡、致人残疾和一般伤害。三种情形的受害人可以获得的赔偿项目各有不同。本案中,刘某将闫某打死,属于最为严重的第一类——致人死亡。闫某的近亲属(父母、子女、配偶、兄弟姐妹、祖父母、外祖父母、孙子女、外孙子女)以及闫某生前依法承担扶养义务的被扶养人(如未成年的子女、没有生活来源的父母等)可能请求的赔偿项目有:医疗费、误工费、护理费、交通费、住宿费、住院伙食补助费、必要的营养费、精神损害抚慰金、死亡赔偿金、丧葬费、被扶养人生活费以及受害人亲属办理丧葬事宜支出的交通费、住宿费和误工损失等其他合理费用。

本案中,刘某将郭某打成9级伤残,属于第二类——致人残疾。郭某可以请求的赔偿项目有:医疗费、误工费、护理费、交通费、住宿费、住院伙食补助费、必要的营养费、精神损害抚慰金、伤残鉴定费、残疾赔偿金、残疾辅助器具费、被扶养人生活费,以及因康复护理、继续治疗而实际发生的必要的康复费、护理费、后续治疗费。本案中,刘某将王某打伤,但不构成伤残,属于第三类——一般伤害。王某可以请求的赔偿项目包括:医疗费、误工费、护理费、交通费、住宿费、住院伙食补助费、必要的营养费、精神损害赔偿金、伤残鉴定费等。

【法律依据】

《人身损害赔偿解释》第17条:"受害人遭受人身损害,因就医治疗支出的各项费用以及因误工减少的收入,包括医疗费、误工费、护理费、交通费、住宿费、住院伙食补助费、必要的营养费,赔偿义务人应当予以赔偿。受害人因伤致残的,其因增加生活上需要所支出的必要费用以及因丧失劳动能力导致的收入损失,包括残疾赔偿金、残疾辅助器具费、被扶养人生活费,以及因康复护理、继续治疗实际发生的必要的康复费、护理费、后续治疗费,赔偿义务人也应当予以赔偿。受害人死亡的,赔偿义务人除应当根据抢救治疗情况赔偿本条第1款规定的相关费用外,还应当赔偿丧葬费、被扶养人生活费、死亡补偿费以及受害人亲属办理丧葬事宜支出的交通费、住宿费和误工损失等其他合理费用。"

《人身损害赔偿解释》第18条:"受害人或者死者近亲属遭受精神损害,赔偿权利人向人民法院请求赔偿精神损害抚慰金的,适用《最高人民法院关于确定民事侵权精神损害赔偿责任若干问题的解释》予以确定。"

9.如何计算残疾赔偿金?

【典型案例】

案例一:2010年的一天,某村的农民小张(20岁)因与村支书的儿子小熊发生口角,小熊用榔头重重地打击小张的胸部,致使小张器质性心律失常,被鉴定为5级伤残。小张可以获得多少伤残赔偿金?

案例二:小王(38岁)一直居住在广东广州,拥有城镇户口。2010年的一天,小王见几个年轻人在欺负一个老人,遂上前理论。结果小王被其中一个年轻人狠狠地打中嘴巴,导致口腔关节损伤,被鉴定为7级伤残。小王可以获得多少伤残赔偿金?

案例三:黄老汉是广西农民,今年65岁,最近一年来,他一直在广东佛山打工。2010年一天早上,黄老汉被晨练跑步的小伙子撞倒,导致腰部活动度丧失75%以上,被鉴定为7级伤残。黄老汉可以获得多少残疾赔偿金?

【法律评析】

受伤致残后,劳动能力会受到影响,残疾赔偿金就是为了赔偿因劳动能力减损而导致的未来收入的减少。法律规定,残疾赔偿金根据受害人丧失劳动能力程度或者伤残等级,按照受诉法院所在地上一年度城镇居民人均可支配收入或者农村居民人均纯收入标准,自定残之日起按20年计算。但60周岁以上的,年龄每增加1岁减少1年;75周岁以上的,按5年计算。由此可以看出,残疾赔偿金的数额是由三个要素共同决定的,第一个要素是伤残等级,第二个要素是户口性质,第三个要素是年龄。

首先谈伤残等级。伤残程度按照轻重分成10个等级,不同的等级对应不同的赔偿指数。1级伤残最重,赔偿指数是100%,10级伤残最轻,赔偿指数是10%。从第1级(100%)到第10级(10%),每级相差10%。比如例一中的小张是5级伤残,赔偿指数就是60%,例二和例三中的小王和黄老汉都是7级伤残,赔偿指数就是40%。

其次,我们看户口性质是如何影响残疾赔偿金的。如果受伤者是城市户口,则按照受诉法院所在地上一年度城镇居民人均可支配收入计算。如果受伤者是农村户口,则按照受诉法院所在地上一年度农村居民人均纯收入标准计算。如果农民在城市经商、居住,其经常居住地和主要收入来源地均为城市,则有关损害赔偿费用应当根据当地城镇居民的相关标准计算。比如上面的三个案例均发生在2010年的广东,根据广东省2009年的统计数据,城镇居民人均可支配收入为21574.7元,而农村居民人均纯收入则只有6906.93元。小张户口在农村,只能按照6906.93元计算,小王户口在城市则能按照21574.7元计算,黄老汉虽然户口在农村,但由于其长期(1年以上)在城镇居住生活,因此也可以按照城市标准21574.7元计算。

最后,年龄对伤残赔偿额的影响也是巨大的。原则上要赔偿伤者20年的收入,但是如果伤者上了60岁,则每增加1岁减少1年。75周岁以上的,仍然赔偿5年的收入,不再减少。比如案例一中的小张和案例二中的小王年龄都在60岁以下,因此赔偿20年的收入,但是案例三中的黄老汉因为年满65岁,就只赔偿15年的收入。

这样我们就可以具体计算以上三个案例中涉及的残疾赔偿金了。第一个案例中的小张，其伤残等级是5级，赔偿指数是60%；户口在农村，因此按照广东省上一年（2009年）农村居民人均纯收入6906.93元计算；小张年龄是29岁，因此赔偿20年，将以上数据相乘就得到伤残赔偿金：60%×6906.93×20＝82883.16元。

案例二中的小王，其伤残等级是7级，赔偿指数是40%；户口在城镇，因此按照广东省上一年（2009年）城镇居民人均可支配收入21574.7元计算；年龄是38岁，因此赔偿20年，他的伤残赔偿金：40%×21574.7×20＝172597.6元。可以看到，尽管小王比小张伤得轻，但因为小王是城市户口，小张是农村户口，因此小王获得的赔偿反而更多。

案例三中的黄老汉，其伤残等级是7级，赔偿指数是40%；户口虽在农村，但因其在城镇长期居住工作，因此按照广东省上一年（2009年）城镇居民人均可支配收入21574.7元计算；年龄是65岁，因此赔偿15年，他的伤残赔偿金为：40%×21574.7×15＝129448.2元。可以看出，虽然小王和黄老汉都按照城镇标准计算，伤残等级也一样，但因为小王比黄老汉年轻，因此得到的赔偿也更多。

【法律依据】

《人身损害赔偿解释》第25条："残疾赔偿金根据受害人丧失劳动能力程度或者伤残等级，按照受诉法院所在地上一年度城镇居民人均可支配收入或者农村居民人均纯收入标准，自定残之日起按20年计算。但60周岁以上的，年龄每增加1岁减少1年；75周岁以上的，按5年计算。受害人因伤致残但实际收入没有减少，或者伤残等级较轻但造成职业妨害严重影响其劳动就业的，可以对残疾赔偿金做相应调整。"

10. 如何计算死亡赔偿金？

【典型案例】

2010年的一天，从农村来北京探亲的刘元忠去乘地铁。地铁里人潮汹涌，刘元忠第一次乘坐，心里十分紧张。他刚站到站台边上，广播突然响起："列车就要进站了……"刘元忠赶紧往前挤，不料身边一位老太太被他挤到了站台下，摔在了铁轨上。入站的列车来不及刹车，从老太太（62岁）身上轧过。刘元忠经公安机关调查，没有杀人的故意，不承担刑事责任，但刘元忠将面临高额的民事赔偿，其中数额最多的是死亡赔偿金。老太太的死亡赔偿金有多少呢？

【法律评析】

法律规定，死亡赔偿金按照受诉法院所在地上一年度城镇居民人均可支配收入或者农村居民人均纯收入标准，按20年计算。但60周岁以上的，年龄每增加1岁减少1年；75周岁以上的，按5年计算。

要计算死亡赔偿金，我们必须首先清楚受害人的户口和年龄。就户口而言，如果受伤者是城市户口,则按照受诉法院所在地上一年度城镇居民人均可支配收入计算。如果受伤者是农村户口,则按照受诉法院所在地上一年度农村居民人均纯收入标准计算。如果农民在城市经商、居住,其经常居住地和主要收入来源地均为城市,则有关损害赔偿费用应当根据当地城镇居民的相关标准计算。其次,年龄也会决定死亡赔偿金的数额,具体而言:60岁以下的,一律赔偿20年的收入,即根据户口的性质,赔偿上一年度城镇居民人均可支配收入或者农村居民人均纯收入的20倍。60岁以上的,年龄每增加1岁减少1年的赔偿。75岁以上的,一律赔偿5年的收入,不再减少,比如90岁的受害者,仍然赔偿5年的收入。

案例中的老太太是62岁,应赔偿18年的收入(20 – 2=18)。法律规定,所谓"上一年度",是指一审法庭辩论终结时的上一统计年度。由于老太太是2010年去世的,一般来说,法院一审法庭辩论终结时也是2010年,那么我们应当查找2010年的上一年,也就是2009年的统计数据以确定收入。根据《北京市2009年国民经济和社会发展统计公报》可知,北京地区2009年城镇居民人均可支配收入为26738元,农村居民人均纯收入为11986元。因此,如果老太太是城市户口,刘元忠应赔偿死亡赔偿金为481284元(26738×18),如果老太太是农村户口,刘元忠应赔偿死亡赔偿金为215748元(11986×18)。

【法律依据】

《人身损害赔偿解释》第29条:"死亡赔偿金按照受诉法院所在地上一年度城镇居民人均可支配收入或者农村居民人均纯收入标准,按20年计算。但60周岁以上的,年龄每增加1岁减少1年;75周岁以上的,按5年计算。"

11. 牛被高压线电死,供电局应承担赔偿责任吗?

【典型案例】

县供电局安装的高压线电死了刘某的牛,刘某诉请损害赔偿。县供电局认为自己常年都在对高压设施进行检查和维护,没有过错,牛被高压线电死属于不可抗力,因此不应承担赔偿责任。法院审理后认为,不可抗力是不能预见、不能避免、不能克服的客观情况,高压电线漏电,并非不能预见,因此不属于不可抗力,县供电局应承担赔偿责任。

【法律评析】

首先,区分好"高度危险物致害"和"高度危险活动致害"两个不同的概念。高度危险物致害是因为物品本身具有易燃、易爆、有毒、放射性等危险属性。而本案涉及的是高度危险活动致害责任,其损害是因为高度危险行为导致的,至于行为所针对的物品本身不一定具有危险性。比如电力,如不进行高压处理,可能对人并没有危害;再比如火车,如不处于高速运动中,则无危险可言。高度危险活动主要包括:(1)高空活动。高空活动是指超过通常高度进行的活动。如在50米高的写字楼外擦拭玻璃,在40米高的教学楼外刷油漆等等。(2)高压活动。高压活动是指制造、储藏、运输高压电、高压液化气、高压煤气、高压蒸汽等行为。(3)地下挖掘活动。地下挖掘活动是指在地面以下进行的挖掘、开采、探测等活动,比如修建地铁、深层开采等。(4)使用高速轨道运输工具。该活动的高度危险性在于其高速性,就此而言,民用航空器、行驶在马路上的机动车均具有该特点。但鉴于民用航空器致害责任和机动车致害责任均有相应规定,所以这里的高速轨道运输工具主要指的是铁路上的火车、城市轨道上的轻轨列车等。

高度危险活动的责任人是经营者,其归责原则是无过错责任原则,即无论经营者是否有过错,只要有损害结果,就要承担责任。当然,法律设置有三个例外:(1)如果被告能证明损害是因为受害人的故意造成的,可以不承担责任;(2)如果被告能证明损失是由于不可抗力造成的,如火山、地震、海啸等,可以不承担责任;(3)如果被告能证明被侵权人对损害的发生存在过失,可以减轻自己的责任。值得注意的是,和高空、高压、地下、高速作业等高度危险活动相比,易燃、易爆、剧毒、放射性等高度危险物品致害责任中的被告,须证明原告有重大过失方能减责,而前者只需证明一般过失即可。这主要是因为对于受害人(原告)来说,易燃、易爆、剧毒、放射性更不易识别,所以法律给加害人(被告)设置了更沉重的举证负担,只有证明原告有重大过失,被告才可减责。

本案中,县供电局以自己没有过错主张免责是无济于事的,因为高压活动作为一种高度危险活动,其责任类型是无过错责任。另外,正如法院所分析的,高压漏电并非是人们不能预见、不能避免、不能克服的不可抗力,县供电局没有法定的免责事由,因此应承担全责。

【法律依据】

《侵权责任法》第73条:"从事高空、高压、地下挖掘活动或者使用高速轨道运输工具造成他人损害的,经营者应当承担侵权责任,但能够证明损害是因受害人故意或者不可抗力造成的,不承担责任。被侵权人对损害的发生有过失的,可以减轻经营者的责任。"

12. 饲养的狗挣脱绳子后咬伤他人,狗的主人要负责吗?

【典型案例】

罗琴家养了一只大黄狗,由于性情暴躁,罗琴特地用很粗的绳子把狗套在柱子上。一天,陈某路过罗琴家,大黄狗看见生人,狂叫不止,竟然把绳子都挣断了。陈某看见大黄狗冲来,躲闪不及,被咬到大腿,之后花去医疗费2000元。陈某把罗琴起诉至法院,罗琴却说自己已经把狗牢牢地套在柱子上,尽到了管理义务。法院最终判令罗琴赔偿陈某医疗费2000元。

【法律评析】

饲养的动物造成他人伤害,饲养人承担的是无过错责任,也就是说饲养人不能以自己主观上没有过错为由主张免责。法律上认定:只要饲养的动物造成了损害结果,行为人就要承担责任。案例中,罗琴尽管用很粗的绳子系住大黄狗,可谓已经尽到了管理义务,但是由于饲养人责任是无过错责任,狗毕竟还是咬伤了陈某,因此罗琴仍然应当承担赔偿责任。

由此可见,如果家里养了动物,千万要看管好,否则一旦伤害他人,将无法通过主张自己尽到管理义务而免责。那么,有没有法定的免责事由呢?有。法定的免责事由有两个:第一,受害人故意;第二,受害人存在重大过失。上例中,如果陈某明知大黄狗凶猛,还故意把腿放在狗嘴边,导致被咬伤,那么罗琴是不承担赔偿责任的,理由就在于陈某故意造成自己损伤。再比如,如果陈某看见大黄狗一直朝自己狂叫,心生不满,捡起石头去打狗,以致大黄狗挣脱绳索咬伤陈某,那么罗琴在此种情况下亦可以主张减轻责任,理由是陈某存在重大过错。总之,对于动物饲养人的责任的规定十分严格,除非饲养人能证明受害人故意或者存在重大过错,否则就应当承担赔偿责任。

【法律依据】

《侵权责任法》第78条:"饲养的动物造成他人损害的,动物饲养人或者管理人应当承担侵权责任,但能够证明损害是因被侵权人故意或者重大过失造成的,可以不承担或者减轻责任。"

13. 路中央堆放沙石,摔倒了找谁赔偿?

【典型案例】

刘小兵骑自行车去镇上上班,刚转过一个弯,忽然看见路中央堆着一堆石头和沙子。刘小兵来不及刹车,一头冲上去,摔倒在路中央,造成骨折。经查,原来这是附近的一个建筑单位因盖楼临时堆放在这里的材料。刘小兵要求赔偿,建筑单位的头儿不同意,说是刘小兵自己不小心摔伤,与他们无关。在律师的帮助下,刘小兵将建筑单位和县路政管理局共同起诉至法院。法院经审理查明,建筑单位在公路上任意堆放物品,属于违法行为,同时,县路政管理局没有及时清理障碍物,也存在过错,因此判令由建筑单位赔偿刘小兵80%的损失,由县路政管理局赔偿刘小兵20%的损失。

【法律评析】

本案是发生在公共道路上的物件侵权事件。所谓公共道路,是指对社会一般人公开的,可以同时供不特定的多数车辆、行人通行的基础设施。法律规定,任何人都不得在公共道路上堆放、倾倒、遗撒物品,不得妨碍公共交通。只要是在公共道路上因为他人堆放、倾倒、遗撒的物品阻碍交通,遭受人身损害,均可以将两个主体起诉至法院。第一个主体是在公共道路上堆放、倾倒、遗撒物品的当事人。第二个主体是县级以上地方人民政府交通主管部门,因为交通主管部门具有保障公共道路安全的法定职责。

本案中刘小兵受伤,既是由于建筑单位乱堆建筑材料所致,也是因为路政管理局没有及时清除障碍物所致,因此刘小兵可以将两个主体起诉至法院。这里应注意的是,两个被告承担的是不同类型的责任:堆放、倾倒、遗撒物品的当事人承担的是无过错责任,而交通主管部门承担的是过错推定责任。其理由在于:其一,法律明确规定任何单位和个人不得在公共道路上堆放、倾倒、遗撒物品,妨碍公共交通。因此只要存在侵权行为并造成了损害,就应当承担责任,主观上是否有过错在所不问。其二,公共道路本身属于构筑物,《侵权责任法》规定,建筑物、构筑物或者其他设施及其搁置物、悬挂物发生脱落、坠落造成他人损害,由所有人、管理人或者使用人证明自己没有过错。因此,交通主管部门作为构筑物的管理者,应承担的责任类型属过错推定责任。也就是说,如果交通主管部门能证明自己已经尽到了管理职责,还有免责的可能。

【法律依据】

《侵权责任法》第89条:"在公共道路上堆放、倾倒、遗撒妨碍通行的物品造成他人损害的,有关单位或者个人应当承担侵权责任。"

14.发生人身侵权,如何做才能有助于自己将来获得赔偿?

【典型案例】

郭女士在儿子的陪伴下,来到城里有名的公园游玩。公园的湖中央有座桥,傍晚时分,郭女士来到桥上,觉得风景优美,让儿子给自己照相。郭女士照完相一转身,脚下就碰到了照明灯,摔倒在桥上,立刻无法动弹。当时有很多路人经过,其中一个路人还想拉郭女士起来,但郭女士起不来。郭女士儿子立刻拨打120,将郭女士送进医院,共花去5000元医疗费。经鉴定,郭女士膝盖骨折,8级伤残。郭女士认为公园在桥上设置照明灯,又没有警示标志,存在过错,希望公园予以赔偿。公园却拒绝赔偿,称郭女士是自己不小心摔倒的,与公园无关。郭女士找到律师咨询,称自己当时摔倒的过程有自己的儿子和很多路人见证,自己当时穿的一只鞋上还留有磕碰照明灯的印记。律师非常同情郭女士的境遇,但指出郭女士证据不足。郭女士儿子的证言在证明力上存在瑕疵,不能单独定案。鞋上的印记充其量也只能证明碰到过照明灯,是否是因为碰到照明灯而摔倒却无法证明。由于无法证明碰到照明灯而摔倒这一事实,郭女士因此难以胜诉。郭女士有些后悔:"如果当时能记下几个目击证人的联系方式就好了!"

【法律评析】

法院是讲证据的地方,而不是纯粹讲事实的地方。一切事实都要靠证据来说

话,如果证据不足,就会出现有理说不清的情况。如果发生人身侵权,您应该注意以下几点:

(1)抢救伤员。如果附近有医院,应当直接送伤员去医院。如果离医院较远,应拨打120急救电话,一方面可以在医生的指导下对伤员进行救治,采取包扎、人工呼吸等急救措施,另一方面可以告知医院伤员的基本情况,让医院做好相应的准备。无论是受害人一方还是加害人一方,都应当积极救助伤员,因为及时的救助可以减少受害人伤残或死亡的可能性,也可以减少责任方日后承担的损害赔偿责任。

(2)如果发生殴斗等暴力事件,应立即拨打110报警电话,告知警察发生事件的时间、地点、经过、有无危险物品、人员伤亡情况、自己的姓名和联系方式等。报警的意义在于通过警力及时制止侵权行为的继续发生,保护当事人的安全,同时通过警察勘查现场、技术鉴定,有利于收集和保留证据。对于受害人来说,由于报警记录证明了侵权事实的存在,其是日后主张赔偿的重要证据。此外,如果发生交通事故,则应当拨打交通事故报警电话122。如果发生火灾,则应当拨打消防报警电话119。

(3)保护现场,保全证据。如果条件许可的话,应当做到以下几个步骤:第一,应当用粉笔、砖头等对现场进行标记;第二,用照相机拍下现场照片;第三,寻找愿意做证的目击证人,留下联系方式,告知其因做证而产生的费用,包括误工费、交通费等损失可以由受害人先垫付,最终由责任人承担。上例中的郭女士,明明有很多人看见其摔倒的过程,但仍因缺乏证据而无法获得赔偿。如果当时记下目击证人的联系方式,就不会出现缺乏证据的被动局面。受害人一定要有保全证据的意识。

(4)看管好财物。发生人身损害事件,现场往往比较混乱,当事人往往急于抢救伤员而疏忽了对随身财物的看管,这给一些不法分子造成可乘之机,财物因此而丢失或者损毁。值得注意的是,如果是因为自己没有尽到看管义务造成财产损失,与人身损害事件并没有必然联系,只能自负其责,不能要求侵权行为人承担责任。

【法律依据】

《民事诉讼法》第65条:"当事人对自己提出的主张应当及时提供证据。"

15. 可以通过哪些途径解决人身损害赔偿纠纷?

【典型案例】

李某和顾某是同村的邻居,在一次宴席上,顾某喝多了酒,将李某打伤,经鉴定为8级伤残。李某一家很是为难:不起诉顾某吧,自己吃了亏;将顾某起诉至法院吧,又放不下这个情面。为解决此纠纷,李某有哪些可以选择的途径呢?

【法律评析】

解决纠纷的方式有四种：和解、调解、仲裁和诉讼。和解是纠纷的双方当事人自行商议解决纠纷的方式，比如受害人和加害人坐到一起来谈判，在此过程中，没有任何第三方的参与。调解是双方当事人在第三方的主持下协商解决纠纷的方式。根据第三方的不同，可以将调解分成民间调解、行政调解和法院调解：民间调解是双方当事人在村民委员会、居民委员会或人民调解委员会等民间机构的主持下所进行的协商；行政调解是双方当事人在派出所、交通局等行政机关的主持下所进行的协商；法院调解是双方当事人在法院法官的主持下进行的协商。仲裁是双方当事人在侵权事件发生后，通过书面仲裁协议，选择专门的仲裁委员会解决纠纷的方式。诉讼是受害人通过向法院起诉的方式，利用国家的强制力解决纠纷的方式。

四种方式各有利弊：和解最大的好处是快速解决纠纷，省时省力而且不伤和气。对于受害人来说，和解避免了预交诉讼费的负担，避免了昂贵的律师费，也避免了诉讼的风险。和解让纠纷能够比较隐蔽地化解，有利于保护当事人的隐私、维护邻里街坊的关系。对于加害人来说，在加害人的行为可能构成轻微刑事犯罪的情况下，双方达成和解，等于是加害人取得了受害人的谅解，这对于减轻加害人的罪责，甚至免除其刑事责任都是有利的。和解的弊端在于，通过和解解决纠纷，受害人往往不能获得最大化的赔偿，尤其是在受害人一方不懂法的情况下。笔者作为专业律师，接手过不少案件，经验证明，通过法院诉讼的方式，受害人往往能够获得更多的赔偿。对于一些构成刑事犯罪的侵权案件，受害人为了获得经济赔偿而私了，也不利于国家打击犯罪、保护人民，反而助长了侵权人的嚣张气焰。

调解的优势与和解类似，可以较快地解决纠纷，避免漫长的审判和对簿公堂的尴尬。与和解不同的是，调解中当事人要受到更多限制，尤其是法院调解。一般来说，法院必须在查明事实、分清是非的基础上才进行调解，当事人的调解方案还必须经过法院审核，在不违反法律、社会公共利益的前提下才能有效。值得注意的是，当事人千万不能随意在调解书上签字，一定要想清楚，一旦签字，对于民间调解和行政调解来说，调解书将具有合同的效力，对于法院调解来说，调解书可以作为法院执行的依据。

仲裁在人身损害赔偿纠纷中运用得很少。仲裁的优点在于：一方面，仲裁更具专业性，仲裁员都具有丰富的经验和扎实的专业知识；另一方面，仲裁一裁终局，不存在上诉和二审的问题，因此较为快捷。但是仲裁的缺点是：仲裁收费较高，而且仲裁解决纠纷的专业化主要体现在商事纠纷，人身损害赔偿纠纷的专业优势并不明显。仲裁庭往往设置在大中城市，可能给广大农民朋友出庭带来麻烦。

诉讼是最终的纠纷处理方式，在和解、调解不成，双方也达不成仲裁协议的情况下，诉讼是唯一的出口。诉讼的优点在于：通过国家公权力解决纠纷，更具权威性,有助于通过全面的审理,厘清双方当事人的权利和义务关系,从而给出符合国家法律规定的相对公平合理的判决。判决做出后,一方当事人不履行判决的,另一方当事人还可以申请法院强制执行。诉讼的缺点在于:首先,诉讼费时费力,当事人为了胜诉,往往都聘请律师,花费律师费,同时也要协助律师做大量的调查取证工作。其次,诉讼旷日持久,从起诉到审理,一般要半年的时间,如果一方不满意提起上诉从而启动二审程序的话,至少还要3个月的时间。好不容易拿到终审判决书了,法律还赋予当事人以申请再审的权利,即当事人还可以在一定条件下,对已经生效的判决书发起挑战,请求上级法院予以撤销,并重新判决。再次,诉讼具有不确定性,有时候双方当事人在私下达成的和解协议反而对受害人更有利。但进入诉讼程序后,由于法院是一个讲求证据的地方,受害人可能因为缺乏证据而获得较少的赔偿,甚至完全败诉。

综上,和解、调解、仲裁、诉讼,自愿性依次逐渐减弱,强制性依次逐渐增强,四者没有绝对的最好,也没有绝对的不好,要具体情况具体分析。本案中,李某被邻居顾某打伤,在双方都明确法律规定的前提下,能够达成和解或者在中间人的撮合下达成调解协议,当然是最好的。但是,如果难以沟通,李某还是应该勇敢地拿起法律的武器,维护自己的尊严和权利。

【法律依据】

最高人民法院《关于贯彻宽严相济刑事政策的若干意见》第23条:"被告人案发后对被害人积极进行赔偿,并认罪、悔罪的,依法可以作为酌定量刑情节予以考虑。因婚姻家庭等民间纠纷激化引发的犯罪,被害人及其家属对被告人表示谅解的,应当作为酌定量刑情节予以考虑。犯罪情节轻微,取得被害人谅解的,可以依法从宽处理,不需判处刑罚的,可以免予刑事处罚。"

第三章　房屋及邻里纠纷

1.农民的房子想卖给谁就能卖给谁吗？

【典型案例】

刘财结婚以来一直与父母共同居住在老房,因为婆媳关系一直不错,并且刘财的父亲身体不好需要人照看,刘财夫妇并不想搬离老房。看着新建好的房子一直空着,又欠着赵富建造房屋的费用,刘财的妻子张凤一边抱怨一边劝丈夫把新建好的房子卖出去。他们所在的村位于城市的近郊,交通便利,近些年市里经常有人来村里打听买房的事情,开出的价钱也很可观。刘财就想趁机把房子卖出去,除了还上赵富家的账,应该还能剩下不少。2009年3月,经人介绍,刘财与市民王勇签订了房屋买卖合同,合同约定王勇一次性向刘财支付购房款5万元整,取得房屋所有权,刘财将宅基地使用权证交给王勇。三天后,王勇通过咨询律师知道自己无法取得该土地的宅基地使用权,也没有办法办理任何房屋产权证明,便找到刘财想要回之前给他的5万元购房款。刘财当然不愿意退回到手的钱,于是王勇起诉到法院。法院最后裁判房屋买卖合同无效,刘财退还王勇购房款5万元整。

【法律评析】

我国农村的土地除法律另有规定之外,都属于集体所有。农民作为农村集体经济组织的成员,可以依据法律获取宅基地使用权。可见,宅基地使用权是与特定的身份相联系的。没有这个身份的人,依据法律是不能取得宅基地使用权的。同时,农村房屋没有专门的产权证明,宅基地使用权证上的权利人就是房屋的所有权人。也就是说,无法取得宅基地使用权,就无法取得房屋所有权。作为城里人的王勇,并没有该村户口,不具备取得该村宅基地使用权的资格,因此他与刘财签订的房屋买卖合同无效。我国限制因房屋转让而出现的宅基地使用权变更主要体现在,如果农村村民出卖、出租住房后,再申请宅基地,将得不到批准。

我国一直严格限制宅基地使用权的转让,也就限制了农村房屋的买卖。司法实践中,只有当农村房屋买卖合同同时符合以下四个条件时,这个买卖合同才发生效力,买房一方才能取得宅基地使用权以及房屋:(1)卖房子的人拥有两处以上的农村住房及宅基地使用权;(2)买房子的人与卖房子的人是同一集体经济组织内部的成员;(3)买房子的人没有住房和宅基地;(4)房屋买卖已经取得集体经济组织同意。

【法律依据】

《土地管理法》第62条第4款："农村村民出卖、出租住房后，再申请宅基地的，不予批准。"

2. 夫妻共有的房子，丈夫说卖就能卖吗？

【典型案例】

秦永利夫妻不仅在村里有自己的房子，前些年房价不高的时候还用两人的积蓄在市里买了商品房。这些年房价上涨了很多，秦永利打算把城里的房子卖了，换一些现钱去做点小买卖。但是他老婆秦花却不同意，认为房子放在那里至少不会塌掉，但是换成钱放在秦永利手里可能就打了水漂。夫妻俩为这事吵了几次嘴，秦永利一气之下自己到城里找了房屋中介贴出了出售房屋的广告。2009年4月3日，在房屋中介的协调下，秦永利与刘立刚签订了房屋买卖协议。4月5日，刘立刚在看房之后交了2000元定金。秦永利带着这笔钱回家的时候被秦花发现，秦花拿着协议找到刘立刚理论。但对于夫妻共有的房屋，很多人都认为如果房产证上只写着夫妻中一方的名字，那这个人就是房子的主人，就有权独自决定房屋的买卖。

【法律评析】

事实上，根据我国法律的规定，婚后买的房子应当属于夫妻共同所有，不论房屋产权证上写着一个人的名字还是两个人的名字。对于夫妻共同所有的房屋，丈夫或妻子一人是没有权利将房屋出售的。一方出售房屋的合同，只有在另一方表示同意的情况下才能发生效力，否则合同无效。除非打算买房子的人有理由相信，出卖房屋是夫妻双方都知道并且同意的，夫妻中一方与他人签订的房屋买卖协议才有效。秦永利背着妻子通过房屋中介找到买主刘立刚签订房屋买卖协议，虽然房产证上写着秦永利的名字，但是他与刘立刚签订的房屋买卖协议仍然无效。因为房子是秦永利与秦花共同所有，秦永利不能一人单独决定房屋的出售，而刘立刚也并不知道这房子是秦永利与秦花共同所有。刘立刚拿回2000元定金是合法合理的。

【法律依据】

《婚姻法》第17条："夫妻在婚姻关系存续期间所得的下列财产，归夫妻共同所有：（一）工资、奖金；（二）生产、经营的收益；（三）知识产权的收益；（四）继承或赠予所得的财产，但本法第18条第3项规定的除外；（五）其他应当归共同所有的财产。夫妻对共同所有的财产，有平等的处理权。"

最高人民法院《关于适用〈中华人民共和国婚姻法〉若干问题的解释（一）》（以下简称《婚姻法解释（一）》）第17条："婚姻法第17条关于'夫或妻对夫妻共同所有的财产，有平等的处理权'的规定，应当理解为：（一）夫或妻在处理夫妻共同财产

上的权利是平等的。因日常生活需要而处理夫妻共同财产的,任何一方均有权决定。(二)夫或妻非因日常生活需要对夫妻共同财产做重要处理决定,夫妻双方应当平等协商,取得一致意见。他人有理由相信其为夫妻双方共同意思表示的,另一方不得以不同意或不知道为由对抗善意第三人。"

3.租赁出去的房屋被暴风雨损坏,维修费用由谁承担?

【典型案例】

赵富跟张老粗签了租房协议之后就开始张罗搬家。结婚用的电器、家具等等早就买好了,只是因为新房一直没着落,就堆放在父母那里,现在租了房就都可以搬过来了。赵富虽然还没有搬到新房里去住,但是每天都会过来看房子,尤其是下雨的时候,生怕屋里漏雨。可谁知道就是这样的千小心万小心,最后还是出了岔子。一天半夜,当地刮起了六、七级的大风,大雨夹杂着冰雹席卷而来,风雨一停,赵富就心急火燎地跑去看新房。房屋倒是没出什么大问题,但是窗户上的玻璃碎了很多,房顶也出现了一处破损,雨水漏进了屋里。好在电器家具都没损坏,只是需要换几块玻璃,补一下屋顶。赵富跟张老粗商量,想让他出钱修理一下屋子,毕竟这房子是他的,赵富只是租过来居住而已。张老粗本来是不乐意的,心想赵富已经租了这房子,那修理房子的事就该是赵富自己出钱,但是乡里乡亲的,加上赵富出的租金也不低,张老粗犹豫了几天还是出了这笔钱。事实上,这笔钱从法律上来说也应当由张老粗来出。

【法律评析】

将房子出租出去,并不代表就可以不管房子了。作为房屋的所有者,对于房屋在出租期间出现的损坏是需要进行维修的,除非出租房子的人跟租住房子的人有其他的约定,比如约定房屋的一切损害都由租住房子的人负责修理。事例中,张老粗虽然将房子租给了赵富,但是房子在暴风雨中发生的损坏依照法律应当由张老粗来负责修理。如果房子的出租人不愿意对房子进行修理,租住房子的人难道就一直守着一座破房么?当然不是。依照法律规定,这个时候租住房子的人可以自己维修或者找别人帮助维修,维修所花费的钱由房子出租人承担。也就是说,如果张老粗坚持不维修房子,赵富可以自己请人修理,然后向张老粗索要修理费用。房屋出现的损坏,比如屋顶漏雨,实际上已经影响了房子的居住功能。假设赵富一家已经住在房子里,因为屋顶破损没有得到及时修理而不得不搬到其他地方居住时,依照法律规定,张老粗应当相应地少收一点租金。事例中,张老粗虽然犹豫,但最终的做法合情合理,既承担了该承担的法律义务,又不伤村民间的和气。

【法律依据】

《合同法》第220条:"出租人应当履行租赁物的维修义务,但当事人另有约定的除外。"

《合同法》第222条:"承租人应当妥善保管租赁物,因保管不善造成租赁物毁损、灭失的,应当承担损害赔偿责任。"

4.可以将租来的房子再租给别人吗?

【典型案例】

赵富两口子租住张老粗家的房子有半年之久,临近春节,他打算全家去海南亲戚那里过年,来来回回路上需要1个多月的时间。赵富觉得房子空着一来无人照看不安全,二来租金也就白交了,于是就想把房子再转租出去,可是张老粗两口子今年秋收之后就进城到大儿子家过冬去了,因此无法商量此事。赵富考虑反正时间也不长,就背着张老粗将房子转租给了城里的谢永好,租期定为1个月。谢永好也不是要在这村里常住,只是为了春节那几天带着父母来乡下体验一下城里没有的过年气氛,以为租下这房子到时候会方便一些。但是谢永好一家毕竟在城里住久了,不太习惯使用炉子生火做饭,一天生火的时候不小心碰翻了油壶,引起了一场小火灾。由于扑救及时,没造成什么大损失,但是厨房的窗户烧毁了,墙壁也都熏黑了。这"冬天里的一把火"当然也惊动了张老粗,张老粗一怒之下把谢永好一家赶了出去,还给远在海南的赵富打了电话,说让他们赶紧再找房子,不让他们再继续租住了。赵富赶忙请村支书老宋出面做和事佬,答应赔偿张老粗的损失,才算消了张老粗的气。

【法律评析】

租来的房子是不能随随便便再租给别人的。如果要将租来的房子再租给第三人,法律上的说法叫作转租。在转租里,一共有三方当事人:出租人、承租人(同时也是次出租人)、第三人(同时也是次承租人)。在上面的事例中:张老粗是出租人;赵富就是承租人,同时也是次出租人;谢永好是第三人,同时也是次承租人。在转租里,一共有两个出租协议:出租人跟承租人之间的出租协议;承租人跟第三人之间的出租协议。张老粗跟赵富之间有一个出租协议,赵富跟谢永好之间有另外一个出租协议。

承租人将房屋出租给第三人,需要经过出租人的同意。在这种情况下,承租人与出租人之间的房屋租赁合同仍然继续有效。如果第三人在承租过程中造成了房屋损害,承租人需要向出租人赔偿损失。而承租人赔偿出租人的费用,可以向第三人索要。如果承租人未经出租人同意就把房子租给了第三人,出租人可以随时解除自己与承租人之间的合同,收回房屋,赶走第三人。同时,如果第三人在这个过程中造成了房屋损害,出租人仍然可以要求承租人就损失进行赔偿。在事例中,赵富将房子转租给了谢永好,对于谢永好一家造成的损害,张老粗可以依法要求赵富进行赔偿。同时,由于赵富没有经过张老粗同意就转租了房子,张老粗依照法律是可以解除租赁合同、收回房子的。

【法律依据】

《合同法》第224条："承租人经出租人同意,可以将租赁物转租给第三人。承租人转租的,承租人与出租人之间的租赁合同继续有效,第三人对租赁物造成损失的,承租人应当赔偿损失。承租人未经出租人同意转租的,出租人可以解除合同。"

5. 经房东同意后承租人加盖的房屋归谁所有?

【典型案例】

赵富老婆何萍怀了孕,等到孩子出世,现在租住的房子就会显得小了点。于是,经人联系,赵富租下了同村钱老爹家的一间带有独立院子的小屋。租下的时候,赵富就考虑好了,这房子太小住着挤,院子太大用不了,干脆借着现有房子的一面山墙,加盖一间屋子出来。说干就干,急性子的赵富很快就备齐了盖房的材料准备开工。何萍这时候的一句话提醒了赵富:咱的宅基地今年估计就批下来了,等咱不租这房子的时候,你说加盖的这一间屋子是不是就白白的归了钱老爹?赵富决定,还是先跟钱老爹商量好再加盖这房子。果不其然,双方出现了争执。赵富觉得这房子加盖之后,等到他们不租房子的时候,房子就归钱老爹,但钱老爹需要补给他一点建房费用。而钱老爹觉得,这房子是赵富自愿在他的宅基地上加盖的,赵富退房的时候,加盖的房子理所当然归自己所有,不需要给赵富补偿建房的费用。后来经过协商,赵富拿到了5000元的补偿金,双方约定等到租赁结束的时候,房子归还钱老爹,两不相欠。

【法律评析】

这个事例里主要有三个问题需要注意:一是,对于租来的房子,是不是可以随意加盖?二是,如果进行了加盖,加盖的房子归谁?三是,加盖房屋的费用如何承担?赵富租了钱老爹的房子,这时候一个房屋租赁合同就出现了。根据我国法律的规定,如果承租人要对租赁物进行改善或者增设其他物件的时候,需要经过出租人的同意。也就是说,赵富如果嫌房子小,想要借着现有房子的一面山墙加盖一间屋子的话,必须要经过钱老爹的同意。如果没有取得同意就擅自加盖的话,钱老爹作为出租人,有权要求赵富拆掉加盖的房子或者赔偿损失。在该案例中,双方最终签订了一个协议,由此可以看出,钱老爹已经同意了赵富加盖房屋。

对于加盖房屋的归属,需要进行更具体的分析。因为加盖的房屋盖在钱老爹的宅基地上,依据宅基地使用权与房屋所有权不分的道理,房屋应该归属享有宅基地使用权的钱老爹。对于加盖房屋的费用,双方已经进行了约定,可以按照约定进行。假设双方没有约定的话,租赁结束后,赵富还能向钱老爹索要盖房所需费用么?答案是肯定的。根据法律规定,没有合法根据就取得了利益,同时给他人造成损失的,应当将取得的不当利益返还受损失的人。也就是说,法律不允许钱老爹没有任何法律上的根据就白白取得一间新盖成的房子,他必须弥补赵富在盖好房子之后又没有取得房子的损失。

【法律依据】

《合同法》第223条:"承租人经出租人同意,可以对租赁物进行改善或者增设他物。承租人未经出租人同意,对租赁物进行改善或者增设他物的,出租人可以要求承租人恢复原状或者赔偿损失。"

6.农村的房屋可以抵押吗?

【典型案例】

老赵最近为了小儿子赵刚的学费犯起了愁。大儿子去年结婚花去了家里多年的积蓄,小儿子新学年的学费现在没有了着落。老赵找到了村里比较富裕的张老粗,想借5000元,来年偿还。张老粗虽然相信老赵的人品,可是为了保险起见,还是要求老赵签订了一份借款抵押协议。根据协议,张老粗借给老赵5000元,老赵将《集体土地建设用地使用证》交与张老粗,如果老赵到期不能偿还借款,老赵家的两间房屋就归张老粗所有。于是,二人找村支书老宋做个见证,准备签字画押。老宋看了协议之后直说二人胡闹,居然拿房子出来做抵押。原来,根据法律规定,农村的房屋是不能抵押的,二人签订的抵押协议不会发生效力。

【法律评析】

尽管有观点认为,承认农村房屋抵押有效对于搞活农村经济、促进农村发展具有积极意义,但是从法律层面上来说,没有支持与保护农村房屋抵押有效的法律规定。在司法实践中,主流观点依然是认定农村房屋抵押无效。其理由主要有两个:(1)依据法律规定,没有特殊情况的,宅基地等集体所有的土地使用权不得转让。农村房屋的宅基地属于集体所有,此种使用权不得用于抵押。农村私有房屋是建在宅基地上的,和宅基地不可分离,并且农村房屋现在没有独立的产权证,仅有《集体土地建设用地使用证》,农村房屋与宅基地使用权无法分离也不允许分离。而抵押了房屋,实际上也就抵押了宅基地使用权。既然法律不允许抵押宅基地,也就不允许抵押农民私有房屋。(2)依照法律规定,农村村民一户只能拥有一处宅基地,农民出卖、出租房屋后,不能再申请得到宅基地。如果允许农村房屋和宅基地抵押,那么抵押权实现之后,抵押人就会失去原有住所,又无法申请新的宅基地,面临居无定所的困境,不利于社会稳定。

农村私有房屋所有权是一种受到限制的所有权,房屋的所有权人可以自己居住房屋,可以出租房屋,可以将房屋用于各种用途,但是不可以随意出售房屋或者抵押房屋。根据"房地一体"的道理,农村私有房屋的所有者如果出售、抵押房屋,必然将房屋占用范围内的宅基地使用权一并出售和抵押。但是根据法律规定,宅基地是属于集体所有的,不可以随意处置。

【法律依据】

《物权法》第184条:"下列财产不得抵押:(一)土地所有权;(二)耕地、宅基地、自留地、自留山等集体所有的土地使用权,但法律规定可以抵押的除外。"

7. 擅自翻建房屋影响邻居采光、通风,要承担什么责任?

【典型案例】

张老粗与钱老爹家是前后排的邻居,张老粗家在前排,钱老爹家在后排。张老粗家北房后墙上留有两个窗户,钱老爹家北房是厨房,正好对着张老粗家后墙的两个窗户。两家地势都是北高南低。钱老爹未经相关部门审批,对厨房进行了翻建。在厨房南侧建起一个砖垛,该砖垛距离张家北面一间房的东北角约0.1米。之后,钱老爹又在北房前的空地以及厨房顶上搭建了高为2.3米的彩色钢板房,钢板房前沿自东南向西北倾斜,砖垛上的钢板前沿已经超过张家房顶瓦后沿儿0.1米还要多。自厨房砖垛向西5米,钱老爹还安装了塑钢的门窗,将张家北房后墙的东侧窗户完全遮挡,将西侧的窗户遮挡了一半。张老粗认为钱老爹翻建厨房的行为影响了自己家的采光和通风,要求钱老爹立即拆除砖垛、钢板房等。但是,钱老爹认为翻建厨房是自己的自由,并没有影响张家的采光和通风,不同意拆除。张老粗无奈,诉至法院,法院判决钱老爹未经审批擅自翻建厨房的行为影响了张家的采光、通风,应立即拆除。

【法律评析】

邻居之间由于相距较近,接触较多,日常生活中难免发生各种各样的纠纷。事例中关于采光的争议就是典型的一例。根据法律规定,建造建筑物,不得违反国家有关工程建设标准,妨碍相邻建筑物的通风、采光和日照。在这类争端中,任何一方的房屋得到正常光照和通风的权利以及合法修建建筑物的权利都应该得到法律保护。发生争执时,如果修建建筑物经过了合法审批,建造过程也符合相关工程建设的规范要求,这时如果因为该建筑物影响了邻居的采光、通风,法院需要根据建筑物对采光的影响程度、建筑物拆除的成本和损失等因素进行综合考虑,然后确定是拆除建筑物还是采取其他补救措施来保障邻居的采光和通风。如果与对邻居的采光、通风的影响程度相比,拆除建筑物对社会财富造成的浪费过于巨大时,法院一般不会判决拆除建筑物,而是以判决向邻居支付赔偿款的方式来解决纠纷。但如果修建建筑物本身就是未履行相关审批手续的违法修建,那么建筑物就属于违法建筑,不受法律保护。此时如果修建行为影响了邻居的日常采光、通风,就可以判决拆除相关违法建筑,以排除对邻居采光、通风的妨害。除了修建房屋影响邻居采光、通风的情况比较常见之外,还有以下几种情况经常发生:(1)因树木生长遮挡邻居门窗而影响采光、通风;(2)因在邻居门窗附近修建厕所、化粪池,修建牲畜圈舍或者堆放垃圾等影响邻居通风;(3)因房屋、树木、大棚等遮挡阳光而影响邻居农作物生长。

【法律依据】

《物权法》第89条:"建造建筑物,不得违反国家有关工程建设标准,妨碍相邻建筑物的通风、采光和日照。"

8.树根生长导致房屋墙体裂缝,需要承担责任吗?

【典型案例】

刘财早些年在山上承包了一块树林,这两年正是树木成材的时候,他心里自然高兴。但是偏偏有一棵树让他惹上了麻烦。原来,当初栽种树苗的时候,刘财把承包的地块边边角角都给利用上了,其中有一棵树就种在了李大壮家房屋后墙的附近。树苗小,树根自然也小,等树苗长大了,树根也就扩展了自己的领地。这棵树的树根就长到了李大壮家房屋的后墙下面。随着树根的生长,李大壮家的后墙就出现了裂痕,还有继续扩大的趋势。李大壮本来想院墙破了不是什么大事,修一修也就行了,但是这树根就在后墙下面生长,修好的院墙没几天又重新裂开。总不能为了一棵别人家的树,拆了自己家的房子吧。李大壮找来刘财,跟他商量这事,想让他把这棵树砍了挖出树根或者移走。可刘财觉得这树还没到成材的时候,现在挖了卖不上价钱,移走又太麻烦,二人商量来商量去也商量不出一个结果,李大壮只能起诉到法院。法院经过调查,认定刘财种下的树由于树根生长影响了李大壮家房屋的安全,判决刘财挖掘树根,移走树木。

【法律评析】

在自己承包的土地上种植树木,也必须考虑到相邻土地上其他人的财产安全问题。依据法律,如果种植的树木由于树根生长导致相邻土地上房屋地基松动、墙体出现裂痕,树木的所有者和管理者要承担责任。事例中,刘财由于种植树木的时候考虑不周全,将树苗种在了紧挨他人房屋后墙的土地上。虽然树木种植的土地由刘财承包经营,但是树根的生长已经超出了其承包经营的范围,进入到了李大壮家宅基地的范围,属于越界。因此,对于由此产生的李大壮的房屋墙体损坏以及安全隐患,刘财需要负责。依据法律,给相邻方造成妨碍或者损失的,承担责任的方式主要有三种:停止侵害、排除妨碍和赔偿损失。而具体适用哪种承担责任的方式,需要法院在综合考虑案情、平衡各方利益的基础上做出判决。一般在保护原告利益的基础上,以避免不必要的社会财富浪费为原则,具体问题具体分析。

【法律依据】

《民通意见》第103条:"相邻一方在自己使用的土地上挖水沟、水池、地窖等或者种植的竹木根枝伸延危及另一方建筑物的安全和正常使用的,应当分别情况,责令其消除危险,恢复原状,赔偿损失。"

《民法通则》第83条:"不动产的相邻各方,应当按照有利生产、方便生活、团结互助、公平合理的精神,正确处理截水、排水、通行、通风、采光等方面的相邻关系。给相邻方造成妨碍或者损失的,应当停止侵害,排除妨碍,赔偿损失。"

9. 为了避开险路,可以从邻居家土地上穿行吗?

【典型案例】

村民齐永福与王长贵家的房屋都在山坡上,齐永福的房子靠北,建于1990年,王长贵的房子靠南,建于1993年。齐永福家的院子朝向西,向南有一条走道经过王长贵家房后,向东转弯之后通向位于王长贵家东南的一处公共走道。这条走道已经形成多年,在王常贵家建房之前就已存在。在齐永福家院子东侧,也有一个门,但是这个门向东是一片野生的树林,地势很陡,走起来比较危险,有一条自然形成的崎岖山路通向山下的一条公路。从去年开始,王长贵因为跟齐永福闹了矛盾,开始多次在房后的走道设置障碍,后来更发展为垒砌石墙。齐永福多次沟通没有结果,起诉到了法院,请求判决王长贵拆除走道上的石墙。但是王长贵认为在自家土地上垒砌石墙是自己的自由,而齐永福还有其他走道可以通行,不同意拆除。法院经过实地勘察,认为王长贵垒砌石墙的行为对齐永福的正常出行造成了妨碍,判决其拆除石墙。

【法律评析】

邻里之间道路通行的问题,属于相邻关系的一种。在处理相邻关系的问题时,有四个原则需要考虑,分别是有利生产、方便生活、团结互助和公平合理。究竟在什么样的情况下,房屋、土地的主人必须以自己的房屋、土地为邻居提供通行的便利呢?这主要有两种情况,一是要尊重历史形成的道路,二是在邻居没有其他合理的道路可以通行的情况下。依据法律,在相邻各方中,对于一方所有的或者使用的建筑物范围内历史形成的必经通道,所有权人或者使用权人不得堵塞。因堵塞通道影响他人生活的,他人有权要求其排除或者恢复原状。在事例中,原告的房屋建造早于被告的房屋,原告的下山道路已经由于长期使用而固定形成了公共道路,被告在建造房屋时,对于历史形成的道路需要尊重。即使该道路经过其房后,对于其生活有所影响,但是也不能擅自改变现状,甚至堵塞道路。依据法律,相邻各方中,一方必须在相邻一方使用的土地上通行的,应当予以准许,如果因此造成了损失,应当给予适当的补偿。事例中,原告院内虽然另外有一门,连接着一条可以通向山下公路的山间小路,但是因为地势的原因存在危险,由此可以认为原告如果下山通行,必须要经过被告房后的道路。原告的生命健康与从被告房后通过而带给被告生活的不便相比,显然前者更为重要。在这种情况下,原告要求从被告房后通过理所应当会得到法院的支持。

【法律依据】

《物权法》第84条:"不动产的相邻权利人应当按照有利生产、方便生活、团结互助、公平合理的原则,正确处理相邻关系。"

10. 几家共用的出路,可以私设栅栏吗?

【典型案例】

村民吴建国与刘喜顺两家房屋相邻。两家房屋距离村里面的关帝庙之间有一条长约200米的土路,很长时间以来都是附近几家出行的必经之路。由于年代已久,没有人管理,这条土路一遇到下雨天就泥泞不堪。刘喜顺这些年外出做生意挣了些钱,为了大家出行方便,于是出钱雇人把门前这条土路修成了水泥路。为了让这条路能够更耐用一些,减少车辆通行,刘喜顺在这条路的关帝庙一侧出口安装了一扇大铁门并上了锁。在大铁门上开了一个小门,平时给人们出入使用,并不上锁。需要经过这条路出行的吴建国前些天买了一台拖拉机,经常需要开车出去干活,锁住的大铁门给他添了不少的麻烦。为此,吴建国多次跟刘喜顺协商,但是刘喜顺认为自己出钱修了路,不想让这路因为车辆频繁通行而毁坏,有权安装铁门并且上锁。吴建国起诉到法院,要求判决刘喜顺拆除铁门。刘喜顺认为安装铁门是为了保护道路,并且不影响吴建国的日常出行,不需要拆除。法院经过审理认为,虽然刘喜顺出钱修路是办了件好事,但是不能同时侵害他人权益,判决刘喜顺拆除大铁门。

【法律评析】

相邻几家邻居的公用道路,其维护管理本应该是邻居之间共同进行。如果其中的某位邻居独自出钱修路或者进行看护,这肯定是好心。但是我们常说,好心也可能办坏事。事例中,刘喜顺自行出钱请人修建公共道路,这是为群众办好事,但是办好事也不能侵害邻居们的权益。这条路是长久以来自然形成的公共出路,大家都有在路上自由通行的权利,除了走人,当然也可以行车。如果因为有人私自安装铁门影响了车辆通行,那就是影响了大家的合法权益。根据法律规定,应当按照有利生产、方便生活、团结互助和公平合理的原则处理邻里之间的公共道路通行的争议。刘喜顺保护道路的本意虽好,但是私设大门给邻居车辆出行造成不便显然是违背了方便生活的原则。依照法律,应当拆除铁门,还邻居自由通行的权利。

【法律依据】

《物权法》第84条:"不动产的相邻权利人应当按照有利生产、方便生活、团结互助、公平合理的原则,正确处理相邻关系。"

11.可以利用公共道路建房吗?

【典型案例】

村民于连山在父亲的宅基地上修建房屋,在宅基地东侧北半部修建了小房和台阶,在东侧南半部修建了车库和台阶,在西墙外紧邻西墙的地方挖建了厕所坑。于连山在修建小房、车库以及台阶的时候都已经超出了宅基地的范围,占用了公共道路,使得公共道路变窄,影响了周边邻居的出行。不仅如此,其所挖建的厕所坑虽然没有占用公共道路,但是距离公共道路很近,邻居们认为这破坏了道路的地基,会影响来往行人、车辆的出行安全。为此,大家多次与于连山发生争执,要求其拆除占用公共道路的建筑,填埋厕所坑。但是于连山认为,这附近的公共道路较宽,即使占用一部分,剩余的部分仍然足够行人、车辆自由通行,所以坚持不肯拆除。于是大家选出代表将于连山起诉到了法院,法院经过调查取证,判决于连山拆除占用公共道路的建筑。

【法律评析】

这个事例中的纠纷与公共道路通行权的纠纷相类似,都是因为占用公共道路建房而影响邻居通行。但是,正如事例中所描述的,于连山占用的公共道路实际上比较宽,即使占用了一部分,剩余的道路仍然可以让行人和车辆通行,可以说,邻居们的道路通行权受到的影响是极小的。但是法院依然判决于连山拆除占用公共道路的建筑,还路于邻,这是因为占用公共道路修建房屋本身就是违法的。村民修建住宅以及配套的建筑,需要在申请的宅基地上修建,不得擅自占用公共用地,这其中当然包括公共道路。公共用地是指大家都可以利用的土地,一般用于公用事业,比如通行、集会、晾晒等等。任何个人都不能不顾公共利益,私自占用公共用地,即便没有给他人造成实际的损害,也是不允许的。从道德上讲,占用公共用地修建建筑是没有公德心的体现;从法律上讲,未经批准占用公共用地修建建筑很有可能就是违章建筑,依法是应当拆除的。

【法律依据】

《民法通则》第83条:"不动产的相邻各方,应当按照有利生产、方便生活、团结互助、公平合理的精神,正确处理截水、排水、通行、通风、采光等方面的相邻关系。给相邻方造成妨碍或者损失的,应当停止侵害,排除妨碍,赔偿损失。"

12.挖水坑导致邻居家地基下陷怎么办?

【典型案例】

城里人张海在村子河边新开了一家石灰窑。为了取水方便,张海在距离河岸不远的地方开挖了几个大石灰池子。因为石灰池的选址选在了老马家附近,老马担心以后因为下雨等原因,自家房子的地基会出现塌陷,于是要求张海对石灰池进行加固,采取一些防渗漏的措施。张海因为在村里办厂,需要与村里搞好关系,所以应老马的要求在石灰池子朝向老马家房子一侧以及石灰池底采用铺设水泥等防渗漏措施。这个秋天雨水较多,老马家的房子果然出现了地基下陷的情况,墙壁出现裂痕。老马认为开挖石灰池是造成房子出现问题的根源,要求张海进行维修赔偿,并且对石灰池重新铺设防渗漏水泥层。张海以耽误生产为由拒绝改造石灰池,以曾经采取过措施为由拒绝赔偿老马家房屋损坏的损失。老马一怒之下将张海告到了法院,法院经过审理认为张海开挖石灰池是导致老马家房屋损坏的主要原因,判决张海承担老马维修房屋的费用,并对石灰池进行整改,防止发生更为严重的事故。

【法律评析】

依照法律规定,处理相邻关系,应当按照有利生产、方便生活、团结互助、公平合理的精神。如果相邻一方在自己使用的土地上挖水沟、水池、地窖等,危及另一方建筑物的安全和正常使用的,应当根据具体情况,责令其消除危险、恢复原状、赔偿损失。不动产权利人挖掘土地,不得对相邻不动产的安全造成危害。法律在做出规定的时候,不能做到将现实中的一切情况都考虑周全,因此往往在列举几种情况之后,在法条中使用"等"字,意味着出现类似情况的时候,都按照该法律规定办理。

我国现有的法律没有明确规定挖掘石灰池给他人造成损害应该如何处理,但是可以看出,开挖石灰池与挖水沟、水池、地窖等在性质上是一样的,出现了纠纷可以适用现有的法律规范进行解决。事例中,张海在老马家房屋旁边开挖几个大的石灰池,说明张海并未对相邻的老马家房屋的安全引起足够的注意。虽然在老马的要求下,张海先期采取了防渗措施,但是并不彻底,他只在石灰池朝向老马家房屋的方向和池底铺砌了水泥,不能从根本上防止危险的发生。正是因为张海的疏忽,才导致老马家的房屋在秋季雨水较多时出现了地基下陷、墙壁出现裂痕的情况。张海应该为其给老马房屋造成的损害承担赔偿责任。除了挖掘池子之外,相类似的情况还包括建造建筑物、铺设管线或者安装设备等,都需要考虑相邻土地或者建筑物的安全问题。如果因为施工疏忽,给相邻土地或者建筑物的权利人造成损害,就需要依法承担责任,进行赔偿。

【法律依据】

《民法通则》第83条:"不动产的相邻各方,应当按照有利生产、方便生活、团结互助、公平合理的精神,正确处理截水、排水、通行、通风、采光等方面的相邻关系。给相邻方造成妨碍或者损失的,应当停止侵害,排除妨碍,赔偿损失。"

《民通意见》第103条:"相邻一方在自己使用的土地上挖水沟、水池、地窖等或者种植的竹木根枝伸延危及另一方建筑物的安全和正常使用的,应当分别情况,责令其消除危险,恢复原状,赔偿损失。"

第四章　借款及买卖纠纷

1. 口头达成的借钱协议受法律保护吗？

【典型案例】

高强与秦永利是邻居，平常往来也比较多。高强的老婆生了一场急病，看病花去了不少钱，把家里的积蓄用了个精光，偏巧这时候孩子上学又需要用钱，高强只好硬着头皮找到秦永利，想跟他借一千块钱救急，半年之后就还。秦永利平时就跟高强关系比较好，高强一开口他也愿意出借这钱，但无奈自己家的老婆秦花是个比较看重钱的人，平时最反对秦永利借钱给村民。为了不让老婆秦花知道借钱的事跟他吵闹，秦永利跟高强说好就不签借条了，两人只是达成了口头协议。不想半年之后，高强家里仍然没有余钱可以还上秦永利的账，就一直不提这事。秦永利又不好意思去要，直后悔当初要是签下一张借条就好了，毕竟要钱的时候也有个凭据，好在高强也没让秦永利后悔太长时间，过了两个月手上宽裕了，就把这钱给还上了。

【典型案例】

法律意义上的借款合同是指借款人向贷款人借款，到期返还借款并且支付利息的合同。借款人就是向别人借钱的人，贷款人就是把钱借给别人的人。借款合同主要分为两大类：(1)金融机构与自然人、法人和其他组织之间的借款合同；(2)自然人之间的借款合同。金融机构包括生活中常见的银行、储蓄所和农村信用合作社等，与这些金融机构签订借款合同也就是我们平常所说的贷款。自然人是指自然出生而依法享有权利和承担义务的个人，在我国，具有中华人民共和国国籍的个人就是自然人。一般来说，法律对于金融机构与自然人、法人和其他组织之间的借款合同有较多的规定，金融机构对于发放贷款也有详细具体的规定。而自然人之间的借款相对来说就很自由。依照法律，借款合同需要采取书面的形式，但是如果自然人之间借款，可以根据约定采取其他的形式。

事例中，高强与秦永利之间的口头约定就是一个自然人之间的借款合同，虽然没有借条，但是这个合同依然有效。如果事情真的发展到需要打官司的地步，虽然秦永利没有借条做凭据，但是也可以依靠其他事实证据证明两人之间存在借款合同的关系。签订一个书面借款合同或者达成口头借款合同，一般都应该包括以下内容：借款种类、币种、用途、数额、利率、期限和还款方式等。在自然人之间口头达成的借款合同中，很多合同内容都不会被明确提到，但是按照一般的借款习惯都是可以确定的。比如币种、还款方式等，如果没有特殊约定，一般就认为是以人民币现金还款。这种情况下,我们不能因为签订的借款合同不够具体详细,不符合法律规定的要求,就认为借款合同不成立。

【法律依据】

《合同法》第196条:"借款合同是借款人向贷款人借款,到期返还借款并支付利息的合同。"

《合同法》第197条:"借款合同采用书面形式,但自然人之间借款另有约定的除外。借款合同的内容包括借款种类、币种、用途、数额、利率、期限和还款方式等条款。"

2. 到期未还的借款,需要经常去讨要吗?

【典型案例】

王长贵欠了王大叔一笔钱,碍于亲戚的面子,王大叔虽然心里犯嘀咕,但是也不好意思当面去讨要。可是听人说,如果这欠钱的人一直不还,而债主又一直不要的话,到时候就是去起诉,法院也不会受理。为了以防万一,王大叔只好在每次见到王长贵的时候,都暗暗提醒王长贵欠钱的事。

【法律评析】

本案例实际上涉及诉讼时效的问题。根据法律规定,向人民法院请求保护民事权利的诉讼时效期限为2年,法律另有规定的除外。

诉讼时效期间是指这样一个时间长度:如果从某个人知道自己的权利受到侵害或者应当知道权利受到侵害之时,到这个人到法院起诉之时,中间经过的时间长度已经超过了法律规定的时间长度,那么法院就不会判决这个人胜诉。法律上规定的一般诉讼时效期限是2年。此外,还有两类特殊的诉讼时效,即短期诉讼时效和长期诉讼时效。短期诉讼时效期间为1年,包括以下四类诉讼:(1)身体受到伤害要求赔偿的;(2)出售质量不合格的商品未声明的;(3)延迟支付或者拒绝支付租金的;(4)寄存财物丢失或者损毁的。长期诉讼时效期间为20年,是指当权利被侵害的事情已经过去20年之久,这时候无论从知道或者应当知道权利被侵害的时间起算是否超过2年或者1年,人民法院都不再保护。如果有特殊情况需要保护的,人民法院可以延长这一时间。如果超出了法律规定的诉讼时效,法律不再保护受侵害人权利的时候,当事人自愿履行赔偿或者补偿的,法律并不干涉该行为。

由于诉讼时效对于保护当事人权益具有重要意义,一旦超过,受侵害的权益将不受法律保护,所以法律也规定了诉讼时效中止和中断的情形。在诉讼时效期间的最后6个月内,如果因为某些障碍导致当事人不能提出诉讼,或者不能向对方提出要求,诉讼时效期限就要中止。等到中止的原因消失之日,诉讼时效的期限继续计算。如果当事人提起诉讼,或者一方对对方提出要求,或者一方对对方表示愿意履行义务,那么诉讼时效期限中断。从中断之日起,诉讼时效期限需要重新计算。事例中,王长贵借钱的时候双方没有约定何时还款,而根据法律规定,王大叔可以随时催促王长贵还款。王大叔要求王长贵在某个时期内还款,等到这个时间到期而王长贵仍然没有还钱,那么诉讼时效期限就开始起算了。从这时开始,王大叔向人民法院请求保护民事权利的时间限制是2年,但是同样适用上面提到的关于时效中止和中断的规定。

【法律依据】

《民法通则》第135条:"向人民法院请求保护民事权利的诉讼时效期间为2年,法律另有规定的除外。"

《民法通则》第136条:"下列的诉讼时效期间为1年:(一)身体受到伤害要求赔偿的;(二)出售质量不合格的商品未声明的;(三)延付或者拒付租金的;(四)寄存财物被丢失或者损毁的。"

3. 私人之间借款时可以任意约定利率吗?

【典型案例】

老马因为家里有急事找张海借钱。张海是个商人,不愿意把钱白白借出去,因此他虽然愿意借钱给老马,但是要求老马支付每个月5%的利息。老马由于急等着用钱,尽管觉得利率有点高,但还是签订了一份借款协议,借走了2000元。事后经人提醒,老马才知道此时银行里面的贷款利率只有每个月2%,而张海提出的利率高干银行太多,老马觉得不合理,但又不好意思直接找张海询问。为此,老马专门询问了银行的工作人员,原来只要张海提出的利率没有超过银行利率的4倍就是合法的。

【法律评析】

自然人之间签订借款合同,法律一般不做过多的限制,由当事人自由商议决定。而利率的问题关系到借款人的实际利益,如果完全允许当事人自由约定,就有可能出现出借人乘人之危收取过高利息的情况,也就是我们平常所说的"高利贷"。

在法律上,高利贷所规定过高利率是不受到法律保护的。根据法律规定,自然人之间借贷的利率可以适当高于银行的利率,各地人民法院可以根据本地区的实际情况具体掌握"适当"的标准。但是,当事人约定的利率最高不能超过银行同期贷款利率的4倍(包含利率本数),超过了这个限度,超出部分的利息不受法律保护。事例中,银行的贷款利率是2%,依照法律自然人之间约定的借款利率最高不能超过8%,如果超过了,超出8%的部分无效。比如借款2000元,1个月之后还款,预定利率为10%,那么按照约定计算共需支付利息200元,但是根据法律最多只能收取8%的利息,也就是160元。张海借钱给老马时约定的利率虽然高于银行利率,但是没有超过4倍的限度,因此仍然属于合法有效的约定,老马既然已经签订了借款合同,就需要按照约定支付利息。如果是金融机构发放贷款,利率需要按照中国人民银行规定的贷款利率的上下限确定。

【法律依据】

《民法通则》第90条:"合法的借贷关系受法律保护。"

最高人民法院《关于人民法院审理借贷案件的若干意见》的第6条:"民间借贷的利息可以适当高于银行利率,各地人民法院可根据本地区的实际情况具体掌握,但最高不得超过银行同类贷款利率的4倍(包含利率本数),超出此限度的超出部分的利息不予保护。"

《合同法》第211条:"自然人之间的借款合同对支付利息没有约定或者约定不明确的,视为不支付利息。自然人之间的借款合同约定支付利息的,借款的利率不得违反国家有关限制借款利率的规定。"

4. 明知他人借钱用于赌博而仍然出借,出借人受到法律保护吗?

【典型案例】

李大国去年大病了一场,养病的时候喜欢上了打麻将,经常拉一帮散汉闲人支上一桌。要是单纯的休闲娱乐倒也还好,可是他们偏偏要赌钱。由于手气不好,李大国经常输,老婆经常数落他,到后来干脆就不给闲钱,断了他打麻将的资金来源。李大国手痒痒,只好跟赌桌上的朋友借。刚开始,人家一百、两百的还借给他,可是由于他一直还不上,大家也就不再借钱给他了。李大国老婆不让李大国还钱给他们,这些人就到法院去起诉,想要法院判决李大国还钱,但是法官告诉他们,这样的案子依法不能受理,还提醒他们赌博是违法行为。

【法律评析】

欠债还钱,天经地义。但是这仅仅是从道德上来说,法律上的欠债还钱可不是说什么债都得还。根据法律的规定,出借人明知借款人是为了进行非法活动而借款的,他们之间的借贷关系不受法律保护。也就是说,出借人知道借款人借钱是为了从事非法活动,他们之间达成的借款合同无效,如果借款人一直不还钱,出借人不能去法院起诉,就算起诉,法院也不应该受理。在法院审理案件的过程中,如果发现与案件有关的违法行为需要给予制裁的,可以给予训诫、责令具结悔过、收缴进行非法活动的财务和非法所得,或者依照法律规定处以罚款、拘留等处罚。事例中,李大国一直没有还钱,但由于出借人明知道李大国借钱是为了赌钱,所以法院对他们的起诉没有受理。法律保护借贷关系,但是只保护合法的借贷关系,如果借钱给别人从事违法行为,那么不仅在法律上没有依据要回借款,还有可能依法受到处罚。

【法律依据】

最高人民法院《关于人民法院审理借贷案件的若干意见》第11条:"出借人明

知借款人是为了进行非法活动而借款的,其借贷系不予保护。对双方的违法借贷行为,可按照民法通则第134条第3款及《关于贯彻执行〈中华人民共和国民法通则〉若干问题的意见(试行)》第163条、第164条的规定予以制裁。"

《民通意见》第163条:"在诉讼中发现与本案有关的违法行为需要给予制裁的,可适用民法通则第134条第3款规定,予以训诫、责令具结悔过、收缴进行非法活动的财物和非法所得,或者依照法律规定处以罚款、拘留。采用收缴、罚款、拘留制裁措施,必须经院长批准,另行制作民事制裁决定书。被制裁人对决定不服的,在收到决定书的次日起10日内向上一级人民法院申请复议一次。复议期间,决定暂不执行。"

《民通意见》第164条:"适用民法通则第134条第3款对公民处以罚款的数额为500元以下,拘留为15日以下。依法对法定代表人处以拘留制裁措施,为15日以下。以上两款,法律另有规定的除外。"

5. 银行有权将借款的利息提前在本金中扣除吗?

【典型案例】

常林开办的养殖场计划新购进一批种牛,由于急需资金,就跟银行申请了6万元的贷款。双方签订了一份借款合同,合同约定贷款全额为6万元,借款期为9个月,借款的月利率为0.4%,银行于合同签订后7日内将贷款转到养殖场的账上。常林在接到银行的转账通知后查看了账户,发现银行只转了57840元到自己的账上,于是常林联系了银行。银行的客户服务部门表示银行为了保证能够收取到利息,规定超过5万元的贷款在发放时都要提前扣除利息。常林认为自己签订合同上约定的是贷款6万元,利息也是按照6万元来计算的,如今却只发放57840元的贷款,与合同约定不符,要求银行全额支付贷款。但是银行通知常林,贷款需要按照银行的规定来,否则只能解除合同。于是常林起诉到法院,法院经过调查之后进行了调解,银行同意常林按照实际收到的贷款57840元还本付息。

【法律评析】

银行在发放贷款的时候预先扣除利息,实际上是变更了合同内容,使得借款人实际获得的贷款减少了。而且预先扣除的利息是按照合同上原本约定的贷款数额确定的,如果要求借款人按照合同约定还本付息,显然不公平。根据法律的规定,借款的利息不得预先在本金中扣除。如果利息预先在本金中扣除了,那么借款人只需要按照实际取得的借款数额返还借款并且支付利息。可以看出,如果发生了预先扣除利息的情况,法律并不直接认定贷款人违约,而是认定合同内容发生变更,相应地减少了借款人的还款义务。如果借款人认为贷款人的违约行为已经导致借款合同的目的无法实现,那么还可以请求法院撤销合同,借款人退还借款就可以了。如果借款人因此遭受了损失,可以要求贷款人进行赔偿。虽然银行以为保证资金安全、全额收回利息作为理由,但实际上是一种变相提高利率的行为,违反了国家法律规定,损害了借款人利益,并且扰乱了国家的金融秩序。银行,特别是商业银行,有权制定自己内部的规章制度,包括贷款发放的具体规则,但是这些规定都不能违反法律的规定,否则应当认定为无效。

【法律依据】

《合同法》第200条:"借款的利息不得预先在本金中扣除。利息预先在本金中扣除的,应当按照实际借款数额返还借款并计算利息。"

6. 企业之间签订的借贷协议有效吗?

【典型案例】

张海经营着一家石灰厂,由于经营需要,他有时会从银行贷款。但是由于银行贷款手续比较麻烦,张海计划着以后需要借款时先问问自己生意伙伴。考虑到个人的力量毕竟有限,他就跟朋友打听看能不能以企业的名义借钱给他。因为不了解相关的规定,张海特意咨询了律师,但是律师的否定回答让他很失望。在我国现有法律规定下,张海只能从个人手里借钱或者找金融机构办理贷款,不能向企业借款。

【法律评析】

张海的错误在于没有弄清法律对于借贷关系主体的规定。在我国法律规定中,根据贷款人的不同,借款合同可以分为金融机构借款合同和自然人借款合同。前者的贷款人是法定的金融机构,比如银行、农村信用合作社等,而后者的贷款人是自然人。目前,我国法律只允许两类人借钱给他人,分别是法律规定的金融机构和自然人。一般的企业只能成为借款人,不能成为贷款人。那么,如果企业作为一方当事人与他人签订了借款合同,并且发放了贷款,应该如何处理呢?根据法律的规定,当事人订立合同,应当具有相应的资格。而一般的企业由于不具有发放贷款的资格,因此其订立的借款合同在法律上无效。合同无效之后,根据该合同取得的财产应当返还,不能返还或者没有必要返还的,应当折算成价金之后进行补偿。有过错的一方应当赔偿对方因为合同无效所受到的损失,双方都有过错的,应当各自承担相应的责任。因此,借款合同无效的,如果已经发放了贷款,借款人应当返还贷款,并且不需要支付利息。

【法律依据】

《合同法》第9条:"当事人订立合同,应当具有相应的民事权利能力和民事行为能力。当事人依法可以委托代理人订立合同。"

《合同法》第58条:"合同无效或者被撤销后,因该合同取得的财产,应当予以返还;不能返还或者没有必要返还的,应当折价补偿。有过错的一方应当赔偿对方因此所受到的损失,双方都有过错的,应当各自承担相应的责任。"

7. 任何东西都可以进行买卖吗?

【典型案例】

王长贵家住在村西的山上,这么多年一直都很安分守法。今年春天的时候,院子角落里长了几株不知道是什么的植物,出于好奇,他想看看秋天会长成什么样子。到了夏天的时候,这几株植物开出了颜色艳丽的花,之后结出了带壳的果实。王长贵查了村图书室的资料,他发现这东西原来就是罂粟,俗称大烟,是毒品的一种。书上说根据法律,私人是不能种植罂粟的,如果被发现,需要铲除或者上交。王长贵回家之后因为怕惹麻烦,想把罂粟拔了烧掉。但是王长贵的老婆王嫂听老人说这东西有止疼的功效,还有一些人专门用它来制药,于是劝王长贵说,与其白白地扔了不如卖给别人,还能赚点零花钱。王长贵想反正不是自己故意种植的罂粟,拿出去卖应该也没什么事,于是夫妻俩偷偷托亲属打听买家。世上没有不透风的墙,村里的治安员小林听说这事之后赶紧找到他们,向他们普及了国家关于毒品的法律知识,买卖罂粟是违法犯罪行为。夫妻俩这才认识到问题的严重性,把院子里已经成熟的罂粟上交给了小林。

【法律评析】

这罂粟最终没有卖出去,王长贵两口子也避免了违法犯罪的过错。但是通过这个事例,我们要清楚,并不是任何东西都可以拿出来卖的。根据法律规定,主要有三方面的限制:(1)出卖的东西必须是属于出卖人所有的东西,或者是出卖人有权出卖的东西。这个很好理解,就是不能擅自把别人的东西卖出去。(2)不能买卖法律、行政法规禁止买卖的东西。(3)买卖法律、行政法规限制买卖的东西时,需要依照法律规定进行。

法律、行政法规禁止买卖的东西主要有:(1)国家禁止转让的物品,比如土地、森林、矿藏、毒品、枪支弹药、黄金、白银、受国家保护的珍贵文物等;(2)违反《中华人民共和国产品质量法》,按规定不得在市场上销售的产品,比如假冒伪劣产品、没有检验合格证的产品、国家明令淘汰的产品、过保质期的产品等;(3)违反其他法律、行政法规规定的产品,如违反海关、商标、安全、卫生、环境保护、计量等法律法规,按规定不得在市场上销售的产品。

法律、行政法规限制买卖的东西主要有烟草、农药、化肥、酒、盐和私人收藏的文物等。对于烟草、农药、化肥、酒和盐等,我国实行专卖制度,只有国家指定和特许的企业或个体工商户,才可以进行生产、制造、加工、销售。对于私人收藏的文物,法律禁止私自卖给外国人,除了由文化行政部门指定的单位收购之外,其他任何单位或个人不得经营文物收购业务。

违反国家法律、行政法规规定买卖禁止买卖的物品或者限制买卖的物品,轻则违反法律导致合同无效,重则有可能触犯刑法,属于犯罪行为。

【法律依据】

《合同法》第132条:"出卖的标的物,应当属于出卖人所有或者出卖人有权处分。法律、行政法规禁止或者限制转让的标的物,依照其规定。"

8.商品在卖家交给买家之前损坏了,损失由谁承担?

【典型案例】

一天,刘嫂来集市上买鸡蛋,谈妥了价格之后,摊主称了10斤的鸡蛋递给刘嫂。摊主递鸡蛋的时候,由于跟旁边的人搭话,没有注意到刘嫂并未伸手接篮子,结果这篮子带着里面的鸡蛋就直接摔在了地上。摊主责怪刘嫂没有伸手接篮子,认为这鸡蛋已经卖给她了,不管摔碎了还是怎么着,刘嫂都该给钱。但是刘嫂认为虽然已经谈好了价钱,称好了重,但是毕竟自己还没拿到鸡蛋,坚决不同意给钱。治安员小林正在集市里转悠,听到争吵之后赶忙过来劝架。在协商之后,摊主同意鸡蛋摔在地上的损失由自己一人承担。

【法律评析】

日常生活中的买卖,大多都是在很短的时间里完成的。一买一卖,口头达成协议,然后一手交钱,一手交货。其实,在这样简单的交易中,存在着两个过程,第一个过程是合同成立并且生效,第二个过程是合同的履行。对于第一个过程,买卖双方对于交易的价格、数量等内容达成协商一致时,合同就成立并且生效了。接下来开始第二个过程,也就是合同的履行,买卖双方分别按照合同付钱、交货。在两个过程中的不同阶段,如果交易的商品发生了毁坏、破损甚至完全灭失,这个损失该由哪一方承担呢?根据法律规定,交易的商品发生毁坏、破损以及灭失引起的损失,在商品交付给买家之前由卖家承担,在交付之后由买家承担,但法律另有规定或者当事人另有约定的除外。

具体可以分为以下三个阶段:(1)在合同成立之前,商品完全属于卖家所有,在此时如果商品毁坏、破损甚至灭失,损失完全由卖家承担。(2)在合同成立之后,卖家将商品交给买家之前,如果商品发生毁坏、破损甚至灭失,损失依然由卖家承担。(3)在合同成立之后,卖家将商品交给买家之后,如果商品发生毁坏、破损甚至灭失,损失由买家承担。

以上是在最为常见的日常交易中,买卖合同成立之后,卖家就将商品交给买家。但是还有另外一种情况:合同成立、生效后的一段时间之后,卖家才应按照约定将商品交给买家。这种情况下,如果因为买家的原因导致卖家不能按时将商品交给买家,那么在约定的交付时间之后,商品如果发生毁坏、破损甚至灭失,损失由买家来承担。

【法律依据】

《合同法》第142条:"标的物毁损、灭失的风险,在标的物交付之前由出卖人承担,交付之后由买受人承担,但法律另有规定或者当事人另有约定的除外。"

9. 宰杀买来的牛时发现牛黄,归谁所有?

【典型案例】

快过年的时候,村民老赵从常林的养殖场购买了一头肉牛,想要杀了吃肉。结果在雇人宰杀的时候,在牛肚子里发现了一块牛黄。虽然不大,但由于是天然牛黄,大家都猜测应该值不少钱。老赵也很高兴,带着牛黄到城里的药店去打听价钱,据说可以卖到2000块钱。这事很快就传开了,当初卖出肉牛的常林自然也听到了,于是找到老赵理论。常林认为这牛黄是长在牛肚子里的,并且在卖给老赵之前就已经有了,而自己卖的是牛,不是牛黄,因此牛黄应该属于自己才对。老赵却认为这牛黄虽然长在牛肚子里,常林本来是不知道的,自己买来牛后宰杀的时候才发现有牛黄,牛黄应该是属于自己。两人各说各的道理,谁也说服不了谁。常林一生气,就将老赵告上了法庭,要求老赵将牛黄还给他。法官经过调查,告诉常林这个案子他赢不了,因为依法这牛黄就该属于老赵。常林没有办法,只好撤诉。

【法律评析】

按说这牛黄应该是早就长在牛肚子里了,常林卖牛而没卖牛黄,为什么牛黄就属于老赵所有了呢?法官认为常林赢不了官司的理由在于:根据法律规定,在交付之前产生的孳息归卖方所有,交付之后产生的孳息,归买方所有。这里面提到的孳息,是相对于原物而说的,孳息与原物是法律对于物的一种分类。孳息是指由原物所产生的收益。比如苹果就是苹果树上结出来的收益,苹果就是孳息,苹果树是原物。再比如,利息是存款存在银行里所获得的收益,利息就是孳息,存款就是原物。根据原物的自然属性而获得的收益,叫作天然孳息。天然孳息除了苹果,还包括母畜下的崽、母鸡下的蛋等等。根据法律关系而获得的收益,叫作法定孳息,法定孳息除了存款所产生的利息,还包括出租房屋所得的租金等等。

需要注意的是,原物所产生的收益,只有在与原物分离之后才能叫作孳息,如果收益还没有与原物分离,就认为其仍然是原物的组成部分,不能叫作孳息。之所以要区分原物跟孳息,是因为需要确定原物所产生的收益归谁所有。一般来说,除非法律另有规定或者当事人另有约定,孳息归原物的所有人所有。就是说,原物是属于谁的,孳息就属于谁。如果原物的所有权人发生了变化,那孳息的所有权人也随之发生变化。事例中,牛黄虽然早在常林卖牛之前就已经存在,但是由于与牛本身没有分离,因此不能叫作孳息。也就是说,在常林将牛交付给老赵之前,不存在孳息一说,牛黄是作为牛的一部分存在的。在牛归老赵所有之后,宰杀牛的过程中发现了牛黄,此时牛黄已经与牛分离,成了孳息。根据法律规定,这是在卖方常林将牛交给买方老赵之后产生的,牛的所有权已经归属老赵,因此牛黄也应当归老赵所有。

【法律依据】

《合同法》第163条:"标的物在交付之前产生的孳息,归出卖人所有,交付之后产生的孳息,归买受人所有。"

《物权法》第116条:"天然孳息,由所有权人取得;既有所有权人又有用益物权人的,由用益物权人取得。当事人另有约定的,按照约定。"

10.一物二卖之后,究竟谁能得到该物?

【典型案例】

大壮家有一张八仙桌,据说是从他爷爷的父亲那里传下来的。用的年头久了,这桌子虽然还能用,但毕竟已经破旧,放在屋里也不好看。大壮想通过朋友介绍一些搞收藏的人,争取将桌子卖个好价钱。结果一天之内,城里先后来了两个买家来看桌子。第一个买家张山来的时候,一眼就看中了桌子,想要买走。由于没带够钱,张山只能先跟大壮写了一份协议,约定第二天前来交钱搬桌子,定价2000元。张山走了之后,当天下午就来了第二个买家李海。李海也看中了桌子,他一听说大壮已经跟张山签了一份协议,就出价2500元,当场付钱取走桌子。在收了李海2500元钱之后,大壮帮李海把桌子抬上了车。正在李海的汽车要发动的时候,张山突然出现了。原来,张山由于不放心,回城里取了钱之后立即返回来想要运走桌子,却正巧碰上李海要把桌子运走。张山认为自己已经签了合同,桌子已经卖给了自己,大壮就不能再卖给别人了;李海认为自己已经跟大壮完成了交易,付了钱,也搬了桌子,这桌子就属于自己;大壮认为桌子是自己的,想卖给谁就卖给谁,最后卖给李海是自己的自由,张山无权过问。张山争不过两个人,于是将二人共同告上了法庭,法官经过审理判决八仙桌由李海购得,归李海所有,同时大壮由于违反了与张山签订的买卖协议,因此需要赔偿张山500元。

【法律评析】

所谓一物二卖,就是将一件东西分别卖给两个人。在这样的买卖中存在三方,一个出卖人,两个买受人。究竟哪个买受人可以最后买到商品呢?生活中我们所说的"买到商品",在法律上就是指通过买卖取得商品的所有权。在一物二卖的情况下,完成所有权变动的买受人最终取得商品所有权。那么怎样才算完成所有权的变动呢?根据法律规定,商品的所有权从商品交付的时候发生转移,但是法律另有规定或者当事人另有约定的除外。一般情况下,在达成买卖协议之后,不管这个协议是口头的还是书面的,买方都没有立即取得商品的所有权,只有在卖方将商品交给买方的时候,买方才取得商品的所有权。因此,在一物二卖或者一物多卖的情况下,无论签订买卖合同在先还是在后,只有卖方将商品交给买方,该买方才最终取得商品的所有权。其他买方都不能取得所有权,但是由于卖方在达成买卖协议之后未能履行协议上规定的义务,因此可以要求卖方承担违约责任。

"法律另有规定"是指法律对于所有权转移有特殊规定。比如,房屋的所有权需要经过登记才可以取得。"当事人另有约定"是指当事人约定所有权转移的时间。比如,在买卖协议中规定当买方付清钱款的时候方能取得商品的所有权。

【法律依据】

《合同法》第133条:"标的物的所有权自标的物交付时起转移,但法律另有规定或者当事人另有约定的除外。"

第五章 租赁及运输纠纷

1.租赁物在正常使用过程中发生故障,谁来修理?

【典型案例】

老周原本在村里开了一家豆腐作坊,乡里乡亲的都到他这买豆腐,经营状况还不错。村里的王平新开了一家豆制品厂,虽然主要是销售给城里的饭店,但还是影响到了老周的生意。老周原来每天做的豆腐都可以卖光,但是现在经常会有剩余,全家跟着上顿吃豆腐,下顿吃豆腐。老周已经打算关了豆腐作坊,但是剩下的原料还是要加工出来才行,为了不让生产出来的豆腐白白坏掉,需要找个地方保存。刚好王平的豆制品厂刚刚开业,用来储存产品的冷柜还有一些空着的,老周打算租来使用。王平因为抢了老周的生意觉得不好意思,听说老周想租用冷柜,立马就同意了,将一台冷柜搬到了老周家。本来王平说可以免收租金,但是老周从来不愿占人便宜,双方就约定租金月付,老周什么时候不需要使用了,什么时候就可以停止租赁。结果在使用过程中冷柜的冷凝器出了问题,导致冷柜制冷效果不能满足存放豆腐的需要,老周找人修理花去了200多块。王平听说之后赶到老周家,将修理费补给了老周,还说这钱本来就该由他出。

【法律评析】

冷柜出了问题之后自己找人修理,可以看出老周是个老实人。而听说这事之后主动支付了修理费,更能看出王平是个厚道人。其实,这冷柜出了问题,确实应该由王平出钱修理。根据法律规定,出租人应当履行租赁物的维修义务,除非当事人另有约定。出租人应当保证租赁物在出租期间,可以供承租人正常使用,如果租赁物在正常使用过程中出现了故障需要维修,这个维修义务应该由出租人来承担。具体承担方式有两种:(1)租赁物需要维修时,承租人可以要求出租人在合理期限内进行维修,由出租人或者出租人请人维修。(2)如果出租人既不自己维修,又不请人维修,那么承租人可以自己维修或者请人维修,维修所产生的费用需要由出租人支付。如果因为维修租赁物而影响了承租人的使用,应该少收一些租金,或者延长租期。以上这些规定都是根据租赁合同的目的而设计的。承租人与出租人达成租赁协议的时候是希望在租期内都能正常使用租赁物,所以才会愿意支付一定的租金,而如果租赁物在正常使用的情况下出了问题,那承租人实现租赁目的就会受到影响。因此,出租人需要保证租赁物在正常使用的情况下不出问题,否则就要承担维修的责任。

【法律依据】

《合同法》第220条："出租人应当履行租赁物的维修义务,但当事人另有约定的除外。"

《合同法》第221条："承租人在租赁物需要维修时可以要求出租人在合理期限内维修。出租人未履行维修义务的,承租人可以自行维修,维修费用由出租人负担。因维修租赁物影响承租人使用的,应当相应减少租金或者延长租期。"

2. 租赁物因为使用不当造成损害,谁来负责?

【典型案例】

村民钱老爹承包了十几亩耕地,每年到了秋天都需要使用收割机收割,今年也不例外。他联系了镇上的农机化服务公司,租赁了一台收割机。由于自己上了年纪,眼睛有点花,他特意雇了村里开过车的建国帮他驾驶收割机。没想到建国也是第一次开这机器,由于操作不当导致收割机出现了故障。钱老爹从村里赵平那里听说,如果租机器的时候机器出了问题,可以要求出租方来修理。于是,他马上联系了农机化服务公司,农机化服务公司很快派人前来修理了故障。但当修理完毕之后,农机化服务公司的工作人员要求钱老爹支付修理费用。钱老爹觉得很委屈,但是农机化服务公司的人解释说,机器是因为使用不当才出现的故障,因此公司并不提供免费维修的服务。

【法律评析】

出租人应当按照双方约定将租赁物交付给承租人,并且有义务保证租赁物在租期内不出问题。但是这个义务并不是绝对的,因为跟这个义务相对应,承租人在使用租赁物的时候也有正当使用租赁物的义务。

根据法律规定,承租人必须按照约定的方法使用租赁物,如果出租的时候没有约定使用方法或者约定的不明确,那么需要按照补充协议、租赁协议的有关条款或者日常生活中的习惯来确定如何使用,如果仍然不能确定,就按照租赁物的性质使用。

如果承租人按照约定的方法或者租赁物的性质使用租赁物,租赁物在使用过程中发生了损坏、消耗,那么承租人不需要承担责任,也就不需要维修或者赔偿。事例中,如果钱老爹或者建国正常使用收割机,操作得当,那么如果收割机出了问题需要维修,则维修费用不需要由钱老爹来承担。

如果承租人没有按照约定的方法或者租赁物的性质使用租赁物,而导致租赁物受到损害,比如发生故障,那么出租人可以选择解除合同并且要求赔偿损失。解除合同就是停止租赁,承租人返还租赁物,出租人返还多付的租金。赔偿损失就是出租人可以就租赁物损坏所导致的损失要求承租人赔偿。事例中,农机化服务公司正是依照法律的规定要求钱老爹承担维修费用。

【法律依据】

《合同法》第216条:"出租人应当按照约定将租赁物交付承租人,并在租赁期间保持租赁物符合约定的用途。"

《合同法》第217条:"承租人应当按照约定的方法使用租赁物。对租赁物的使用方法没有约定或者约定不明确,依照本法第61条的规定仍不能确定的,应当按照租赁物的性质使用。"

3. 购买租赁物时需要注意些什么?

【典型案例】

某村跟周围几个村镇以及城里都有水泥路相通,但是却只跟城里才有公交车线路,周围几个村镇的人员往来一般都只走路或者骑自行车。年长日久的,不少人干起了用摩托车拉客的买卖,给村民带来方便的同时,自己也能赚点钱。刘二狗最近也想干这个活,但是自己没钱买车,于是就想租一辆摩托车。同村的大林就有一辆摩托车,因为平时忙于养殖场的工作,而且养殖场也有车,这摩托车就经常闲着。于是刘二狗找到大林,想要租这车,租金从以后的收入中出,先租2个月。为了让大林放心,刘二狗还把自己家的电视机交给大林做抵押。1个月之后,有人找到大林说想买他的摩托车,大林本来就担心刘二狗付不起租金,留着它的电视机也没什么用,就想把摩托车卖出去。但是刘二狗听说之后却不干了,他认为说好了租2个月,自己第一个月的租金也付了,怎么能说卖就卖呢?于是赶紧跑到大林家理论,刚好碰上了前来买车的人。那人一听说这摩托车被刘二狗租用着,就决定不买了。

【法律评析】

要说这租出去的东西要想买卖,还真是挺麻烦的,因为不仅涉及卖家跟买家,还涉及承租人。因此,一般人买东西的时候,都会先确定这东西是不是已经租出去了,要是租期还没到,为了减少麻烦也就不买了。

但是如果真的需要购买已经租出去的东西,有哪些需要注意的问题呢?根据法律规定,最重要的一点就是,如果租赁物在租赁期间发生了买卖,那么租赁合同的效力不因买卖发生变化,这一规定被称为"买卖不破租赁"。就是说,就算买方从卖方手里购买到了租赁物,承租人仍然有权继续占有、使用租赁物,买方虽然买到了租赁物,却在租赁期限到期之前没有权利占有、使用。租赁合同中的内容虽然继续有效,但合同中的当事人已经发生了变化:承租人没有变化,但是出租人已经从原出租人(也就是卖方)变成了现在的出租人(也就是买方)。事例中,摩托车即使顺利卖出去了,买家也需要在刘二狗租用摩托车的2个月到期之后才能取得摩托车。

【法律依据】

《合同法》第229条:"租赁物在租赁期间发生所有权变动的,不影响租赁合同的效力。"

4.融资租赁是怎么回事?

【典型案例】

张海开办的石灰厂最近想要上一套新的石灰加工设备,但是由于省内没有生产这套设备的厂家,而且由于全套设备总价高达10万元,所以张海也在为如何引进这套设备而着急。这时,有位生意上的朋友给他介绍了一家融资租赁公司,张海经过考虑后觉得可以考虑。根据双方签订的协议,融资租赁公司根据张海的要求从外省购买石灰加工设备以及附属的配件等,租赁给张海的石灰厂,租金总共6万元,租期24个月。如果张海在24个月期满之后没有支付租金,该公司可以要求张海将所欠租金的双倍作为赔偿。通过这样的方式,张海成功引进了这套设备,在除去每个月的租金之后,石灰厂每个月的盈利也比之前增长了不少。

【法律评析】

融资租赁是一种特殊的租赁方式,融资租赁的协议跟租赁协议虽然相似,却又不完全相同。在实际生活中,作为个人对这种租赁方式使用的比较少,但是作为合伙或者其他企业,则在资金困难的时候有可能需要用到这种租赁方式。

根据法律规定,融资租赁是这样一个过程:出租人根据承租人对出卖人、租赁物的选择,向出卖人购买租赁物,然后租给承租人,承租人支付租金。一般的租赁,出租人是将自己现有的租赁物出租给承租人。但是在融资租赁中,出租人先要根据承租人的要求购买租赁物,然后再出租。这是融资租赁与普通租赁的最大差别。

在融资租赁中,需要特别注意的有以下几点:第一,融资租赁合同需要包括的内容有租赁物名称、数量、规格、技术性能、检验方法、租赁期限、租金构成及其支付期限和方式、币种,租赁期限到期之后租赁物归谁所有等条款。融资租赁必须采用书面形式,否则根据法律规定合同不能生效。第二,如果需要变更合同,未经承租人同意,出租人不得变更与承租人有关的合同内容。第三,在确定租赁合同的租金时,除非双方当事人有特殊约定,租金的确定应该根据购买租赁物的大部分或者全部成本以及出租人的合理利润来计算。第四,租赁物不符合约定或者不符合使用目的,出租人不承担责任,但如果承租人在确定租赁物的时候依赖了出租人的技能或者出租人干预了承租人选择租赁物,那么出租人就需要承担责任。第五,在当事人约定租赁期限到期之后租赁物归承租人所有的情况下,承租人已经支付大部分的租金却无力支付剩余的租金时,出租人因此而解除合同收回租赁物的,如果收回租赁物的价值超过承租人欠下的租金以及其他费用,那么承租人可以要求出租人返还超出的那部分。第六,出租人与承租人可以约定租赁期限到期之后租赁物归谁所有。对租赁物归谁所有没有约定或者约定不明的时候,先看是否能达成补充协议,如果不能达成补充协议,就看根据合同相关条款以及交易习惯能不能确定,如果还不能确定,那么租赁物就归出租人所有。

【法律依据】

《合同法》第237条:"融资租赁合同是出租人根据承租人对出卖人、租赁物的选择,向出卖人购买租赁物,提供给承租人使用,承租人支付租金的合同。"

5. 公交车可以拒绝搭载乘客吗?

【典型案例】

某村跟附近的县城之间有一条公交线路,考虑到客流量的原因,公交公司并没有安排很多公交车,一个小时才有一趟公交车从村子发往城里。公交线路先后途经村子的北面、东面,分别设置了两个供村民候车的车站,分别叫作村北站和村东站。为了方便大家乘车,公交公司还发布公告,规定公交车在村里行驶的过程中,只要有人需要乘车,只要招手,司机就需要停车拉客。但是最近,就因为这停车拉客的事,村民都有不满。原来,村里的小张最近要外出打工,带着大包小包的行李在村东站等车,但是公交车从村北站出发开到村东站的时候,司机看到小张带的行李太多,就假装没看到想要直接开过去。车上的村民看不过去,提出让司机停车,结果司机跟村民们几句话不对,就吵了起来。为这事,村民们还打电话给公交公司进行投诉,公交公司接到投诉后严肃批评了司机,还扣了他2个月的奖金,并且将他调离这条线路。

【法律评析】

根据法律规定,从事公共运输的承运人,也就是负责运输旅客或者货物的人员或者单位,不得拒绝旅客、托运人合理的运输要求。公共运输一般是指那些沿着固定路线,按照固定时间,收取固定费用进行运输的行为。法律对于公共运输中的承运人的要求比其他的承运人要求要高一些,这是因为公共运输虽然也收取费用,但是毕竟面向广大社会公众,具有公益性。公共运输承运人不得拒绝乘客合理的运输要求,只有在某些特殊情况下,才可以拒载。比如,运输工具已经装满了乘客,从事公共运输的承运人可以拒绝旅客的乘坐要求;由于无法预见、无法避免、无法控制的原因导致不能正常运输时,从事公共运输的承运人也可以拒绝旅客或者托运人按时到达目的地的要求。事例中,小张虽然携带了很多行李,但是只需要按照规定支付乘车费用就属于合理的运输要求。而司机对于在公交车站候车的乘客视而不见,这就是违反了法律对于公共运输承运人不得拒载的规定。

【法律依据】

《合同法》第289条:"从事公共运输的承运人不得拒绝旅客、托运人通常、合理的运输要求。"

6. 持免票证乘车的乘客,在乘车时受伤还有权索赔吗?

【典型案例】

快到春节了,公交公司响应政府号召,推出了一项优惠政策:60周岁以上的老年人只要凭身份证办理一个优惠证就可以免费乘车。胡大爷的儿女都住在城里,胡大爷平常就经常进城,这次有了优惠活动,他马上就去办了一张优惠证。结果,第一次使用优惠证坐车的时候,胡大爷就因为司机的一个紧急刹车磕破了头,虽然没什么大事,但是儿女硬是拉他去医院做了检查,花了200多元钱。胡大爷认为自己是在坐车的时候受的伤,公交公司应该承担一些责任才对,于是就联系了公交公司。公交公司认为胡大爷乘车是免票的,因此如果在乘车时受伤,公交公司就不该承担赔偿责任。胡大爷的儿女不满意这种解释,就去咨询了律师,带着律师的意见又重新联系公交公司,公交公司这次不再推脱,赔偿给了胡大爷200元。

【法律评析】

根据法律规定,承运人应当对运输过程中旅客伤亡承担损害赔偿责任,但是如果伤亡是旅客自身健康原因造成的或者承运人证明伤亡是旅客故意、重大过失造成的,那么承运人就不需要承担赔偿责任了。可见,旅客一旦搭乘了运输工具,人身安全依照法律规定是享受比较全面的保障的,除非损害是由旅客故意、重大过失所引起的。所谓重大过失,指在正常情况下一般人在能力范围内能够预见到事故而没有预见,最后事故发生;或者已经估计到有可能发生事故,但轻易相信事故不会发生而未采取措施,导致事故最终发生。比如乘车的时候道路颠簸,一般人就应当预见到需要坐稳座位或者抓好栏杆,不然有可能摔倒。如果乘客在售票员提醒之后仍然不注意,在车辆颠簸行驶的时候摔倒受伤,那么就没理由请求赔偿了。

这样的规定同样适用于按照规定免票、持优待票或者经过承运人许可乘车的无票旅客。承运人需要保证旅客在运输过程中的安全,这个义务并不会因为旅客按照规定享受优惠而免除,因此事例中公交公司提出的免票就不需赔偿的说法是不对的。除了对旅客自身的伤亡要承担赔偿责任外,如果运输过程中旅客随身携带的物品损坏、灭失的,承运人如果有过错,也要承担赔偿责任。不仅如此,如果旅客在运输过程中出现与承运人无关的急病、分娩等紧急事件,承运人还有尽力救助的义务。

【法律依据】

《合同法》第301条:"承运人在运输过程中,应当尽力救助患有急病、分娩、遇险的旅客。"

《合同法》第302条:"承运人应当对运输过程中旅客的伤亡承担损害赔偿责

任,但伤亡是旅客自身健康原因造成的或者承运人证明伤亡是旅客故意、重大过失造成的除外。前款规定适用于按照规定免票、持优待票或者经承运人许可搭乘的无票旅客。"

《合同法》第303条:"在运输过程中旅客自带物品毁损、灭失,承运人有过错的,应当承担损害赔偿责任。"

7.乘车时财物被偷,找谁赔偿?

【典型案例】

春节期间乘车的人特别多,大国在乘车的时候就被挤得够呛。如果只是比较挤也就算了,偏偏发生了更倒霉的事情。大国在准备下车的时候发现自己的手机不见了,于是赶紧告诉了司机和售票员。由于司机和售票员都无权搜身,只能报警。警察来了之后,挨个检查了乘客们的行李包裹,都没有发现。有乘客说,在前一站的时候有个鬼鬼祟祟的人下车时比较慌忙,有可能就是那个人偷了大国的手机。由于在车上没有发现赃物跟小偷,大国就要求司机赔偿自己的损失。但是司机和售票员认为大国的手机是被小偷偷走的,他们自己已经履行了运输的义务,发生的不安全事件是他们没有办法防止的,因此不同意赔偿。警察在询问了情况之后,认为这损失虽然是由小偷造成的,司机与售票员在乘客众多的情况下没有发现小偷并抓住小偷也是情理之中,但是作为承运人,他们需要保障乘客以及财产的安全,如果没能保证安全,那么就属于违约行为,需要承担违约责任,赔偿大国的损失。

【法律评析】

根据法律规定,在运输过程中旅客携带的物品如果损坏、丢失,承运人有过错的,就需要进行赔偿。也就是说,如果承运人没有过错,就不需要进行赔偿。事例中,由于乘车人员众多,司机需要专心开车,而售票员也不可能随时随刻地关注每一个乘客的举动,因此如果没有发现小偷,也属于情理之中,不能算是有过错。而大国自己作为财物的主人,本身就该照看好自己的手机。现在手机被偷了,大国自己也是有一定责任的。那么大国是不是就无权要求公交公司赔偿了呢?并不是这样。承运人没有履行安全运输的义务,属于违约行为,尽管违约是由第三人造成的,但是承运人还是要承担违约责任。至于承运人跟第三人之间的纠纷,需要依照法律或者约定另外再解决。因此,即便事例中大国的手机丢失是小偷造成的,公交公司还是需要赔偿大国的损失。

【法律依据】

《合同法》第303条:"在运输过程中旅客自带物品毁损、灭失,承运人有过错的,应当承担损害赔偿责任。"

8.托运的行李被雨淋坏,可以索赔吗?

【典型案例】

春节前,外出打工的小张乘坐当地从事个体汽车运输的蒋老三的大客车回家过年,同时携带了在当地购买的100件羊毛衫,准备回到家乡之后卖出去赚点钱。买完车票之后,小张把羊毛衫作为行李交给蒋老三。蒋老三将羊毛衫放在客车顶上随车托运,小张交了一笔托运费。汽车在路上行驶的时候遇到了暴雨,由于路滑,加上蒋老三过度疲劳,车辆驶出了路面,撞到路边一根电线杆上,造成小张右胳膊骨折。由于车顶上遮盖行李的油布老化,还有些破洞,导致雨水淋湿了部分行李,其中就包括小张的羊毛衫,羊毛衫损坏比较严重。小张伤势恢复之后,就找到蒋老三,要求他赔偿治疗费及羊毛衫的损失。但是,蒋老三只答应支付医疗费,他认为羊毛衫的损失是由于小张自己包装不合格造成的,不肯赔偿。小张没有办法,只好起诉到法院。法院经过审理认为,蒋老三在运输行李的过程中没有尽到应尽的注意义务,判决蒋老三赔偿小张的全部损失。

【法律评析】

这个事例中涉及两个合同关系,分别是客运合同和货运合同。根据法律规定,承运人对于运输过程中旅客的伤亡需要赔偿,除非伤亡是由旅客故意或者重大过失造成的,因此小张的医疗费理所当然地应该由蒋老三赔偿。法律也规定了旅客的行李如果因为承运人的过错发生损失,承运人需要赔偿。但在事例中,羊毛衫的损失主要是由于暴雨造成的,蒋老三是不是可以免除赔偿责任呢?运输途中遇到暴雨或者其他恶劣天气,这是从事运输的承运人事前就可以预见,并且也有义务加以防范。事实上,蒋老三准备了遮盖行李的油布并且进行遮盖,这本身就表明蒋老三已经预见到行李可能被雨淋。但是承运人的油布破旧而且有洞,显然没有尽到应该尽的义务,这一行为导致了羊毛衫被雨淋坏,因此应该说承运人具有过错,需要向小张赔偿损失。

【法律依据】

《合同法》第303条:"在运输过程中旅客自带物品毁损、灭失,承运人有过错的,应当承担损害赔偿责任。"

9.货物运输过程中发生的损坏,都由承运人赔偿吗?

【典型案例】

小平在村里开办了一家豆腐厂,销路越来越好,生意也越做越大。小平跟外省的一家公司签订了原料供应合同,该公司按月给小平的豆腐厂提供黄豆,由小平负责联系运货方。这次,负责托运黄豆的胜利运输公司从供货方装了320袋黄豆,清点完毕之后运往村里。但是小平卸载清点货物的时候发现只剩下208袋,丢失了112袋。后来经警方调查,丢失的黄豆是在路上运送的时候,承运人看管不善导致货物被盗。经过两家协商,胜利运输公司愿意对小平损失黄豆按照当地的市场价格进行赔偿,共计1万元。

【法律评析】

货运合同中承运人不仅要将货物运输到约定的地点,还要将货物交给收货人。既然承运人负有向收货人交付货物的义务,那么承运人在运输过程中就负有保管好货物的义务,如果没有保管好,自然要承担违约责任,对损失进行赔偿。根据法律规定,承运人在运输过程中对于货物的毁坏、灭失要承担赔偿责任,除非承运人可以证明货物的毁坏、灭失是由以下三类原因造成的:(1)不可抗力,也就是无法预见、无法预防、无法避免和无法控制的原因;(2)货物的自然性质或者合理损耗,比如运送新鲜蔬菜的时候有些蔬菜自然腐烂;(3)托运人或者第三人的过错。这三类原因被称作承运人的免责事由,这些事由需要由承运人负责举出证据。

事例中,虽然黄豆丢失的直接原因是小偷偷窃,但是承运人看管不善,也需要承担责任,因此不能完全免责。如果需要承担赔偿责任,那么究竟赔多少呢?根据法律规定,货物损坏、灭失时的赔偿额,要按照当事人的约定确定。如果没有约定或者约定不明确的,先由当事人达成补充协议,如果无法达成补充协议,就看能不能根据合同中的其他条款或者平时的交易习惯来确定。如果仍然不能确定,就需要按照交付或者应当交付货物的地方的市场价格计算。法律、行政法规对赔偿额的计算方法和赔偿限额另有规定的,依照法律、行政法规的规定。需要说明的是,从事公共运输的铁路、公路运输企业与一般的承运人不同,因为他们从事的是公共服务性质的事业,法律、行政法规一般都对他们的赔偿额的计算方法和赔偿限额做出了规定,以降低这些公共运输企业的商业风险。因此,如果找这些公共运输企业作为承运人,需要了解好相关的规定,以防止索赔的时候吃亏。

根据法律规定,货物在运输过程中因为不可抗力完全灭失时,如果还没有收取运费,那承运人不可以再收取运费,如果已经收取了运费,托运人可以要求其返还。

【法律依据】

《合同法》第311条:"承运人对运输过程中货物的毁损、灭失承担损害赔偿责任,但承运人证明货物的毁损、灭失是因不可抗力、货物本身的自然性质或者合理损耗以及托运人、收货人的过错造成的,不承担损害赔偿责任。"

《合同法》第312条:"货物的毁损、灭失的赔偿额,当事人有约定的,按照其约定;没有约定或者约定不明确,依照本法第61条的规定仍不能确定的,按照交付或者应当交付时货物到达地的市场价格计算。法律、行政法规对赔偿额的计算方法和赔偿限额另有规定的,依照其规定。"

《合同法》第314条:"货物在运输过程中因不可抗力灭失,未收取运费的,承运人不得要求支付运费;已收取运费的,托运人可以要求返还。"

第六章 土地纠纷

1.他的《集体土地建设用地使用证》还有效吗?

【典型案例】

原告孙某诉称,被告王某于2000年1月5日全家搬迁到某村女婿家居住,搬家前因女婿家要盖二层小楼,已经将房屋拆除。2003年9月,某村根据有关政策规定,将被告王某的宅基地收回,后批给原告建房,原告在准备建房期间,被告王某在有争议的这块宅基地上建狗舍、猪圈等10间,其间多次阻止原告建房。因此,原告起诉要求法院维护其对宅基地的合法使用权,同时清除宅基地上的附着物。被告王某辩称,原告在起诉书中所说的宅基地使用权是他的,他有某市人民政府在1992年颁发的《集体土地建设用地使用证》,他虽然搬家到某村,但这个使用证并没有作废,况且他在某村一直没有宅基地,因此请求法院驳回原告的诉讼请求。

【法律评析】

《中华人民共和国土地管理法》(以下简称《土地管理法》)第65条规定"农村集体经济组织报经原批准用地的人民政府批准,可以收回土地使用权"的三种情形,其中第三种情形为"因撤销、迁移等原因而停止使用土地的"。国家土地管理局关于《确定土地所有权和使用权的若干规定》第52条规定:"空闲或房屋坍塌、拆除2年以上未恢复使用宅基地,不确定土地使用权。已经确定使用权的,由集体报经县级人民政府批准,注销其土地登记,土地由集体收回。"2000年1月,被告王某从某村迁出,并在迁出前已经将房屋拆除,在2年内未恢复使用宅基地;2003年9月,某村依据上述规定,报经某市人民政府批准,注销了王某的《集体土地建设用地使用证》是正确的行为。其后该村依据孙某申请,该村所在的市人民政府批准孙某在原来王某的宅基地内使用集体建设用地建住宅都是合法行为。由于被告王某的土地使用权证已被注销,原告孙某重新取得了建设用地许可,因此原告孙某对宅基地享有使用权。王某的《集体土地建设用地使用证》已经失去效力。

【法律依据】

《土地管理法》第65条:"有下列情形之一的,农村集体经济组织报经原批准用地的人民政府批准,可以收回土地使用权:(一)为乡(镇)村公共设施和公益事业建设,需要使用土地的;(二)不按照批准的用途使用土地的;(三)因撤销、迁移等原因而停止使用土地的。依照前款第(一)项规定收回农民集体所有的土地的,对土地使用权人应当给予适当补偿。"

2.他有权申请宅基地吗?

【典型案例】

黄某于1950年参军离开家乡。黄某参军以后,多次立功,并因此提干,于1971年转业到某市水产公司工作,并且落户在某市。1995年,黄某退休回到老家甲村,由于已经离家多年,他的祖屋已经被收回,因此黄某以世代在甲村居住为由,向村委会提出宅基地申请,那么他还有权申请宅基地吗?

【法律评析】

农村宅基地是仅限本集体经济组织内部符合规定的成员按照法律法规规定标准享受使用,用于建造自己居住房屋的农村土地。宅基地申请条件:(1)因子女结婚等原因确需分户,缺少宅基地的;(2)外来人口落户,成为本集体经济组织成员,没有宅基地的;(3)因发生或者防御自然灾害、实施村乡(镇)规划以及进行乡(镇)村公共设施和公益事业建设,需要搬迁的。下列情形不予批准使用宅基地:(1)年龄未满18周岁的;(2)原有宅基地的面积已经达到规定标准或者能够解决分户需要的;(3)出卖或者出租村内住房的。因为黄某已经是城市非农业户口,因此不能申请宅基地。

这时再提醒大家一点:申请宅基地时应根据国土资源部《关于加强农村宅基地管理的意见》,坚决贯彻"一户一宅"的法律规定,农村村民一户只能拥有一处宅基地,面积不得超过省(区、市)规定的标准。这个标准要根据各省的规定来办理。具体步骤为:农村村民建住宅需要使用宅基地的,应向本集体经济组织提出申请,并在本集体经济组织或村民小组张榜公布。公布期满无异议的,经乡(镇)人民政府审核后,报县(市)人民政府审批。经依法批准的宅基地,农村集体经济组织或村民小组应及时将审批结果张榜公布。

【法律依据】

《土地管理法》第62条:"农村村民一户只能拥有一处宅基地,其宅基地的面积不得超过省、自治区、直辖市规定的标准。农村村民建住宅,应当符合乡(镇)土地利用总体规划,并尽量使用原有的宅基地和村内空闲地。农村村民住宅用地,经乡(镇)人民政府审核,由县级人民政府批准;其中,涉及占用农用地的,依照本法第44条的规定办理审批手续。农村村民出卖、出租住房后,再申请宅基地的,不予批准。"

3.农民可以自行在自留地、承包耕地上建住宅吗?

【典型案例】

家住某村的方某夫妇生有一子一女。大儿子在本地读职业中专,每天走读,女儿今年高考学习也十分紧张。夫妇俩考虑孩子一天比一天大,而且学业都很紧张,住在原来的两间房内多有不便,于是夫妻二人打算在自家的承包耕地上再建两间小房,供两个孩子平时学习和生活居住。可是,当房子建到一半的时候,村委会通知方某夫妇停止建房,夫妇俩对此很不理解,为什么在自己家的承包地建房不被允许呢?

【法律评析】

根据我国法律规定,不允许农民在其自留地或者承包的耕地上建房。《土地管理法》第36条规定:"非农业建设必须节约使用土地,可以利用荒地的,不得占用耕地;可以利用劣地的,不得占用好地。禁止占用耕地建窑、建坟或者擅自在耕地上建房、挖砂、采石、采矿、取土等。"据此,在承包的耕地建房显然为法律所明令禁止。农村集体承包给农民种植的耕地,所有权属于农村集体,农民在合同规定的承包期间,必须按合同的约定使用,不得随意改变土地用途。如果改变土地用途,例如在耕地上建房等从事非农建设的情况,则必须经过严格的农用地转非手续,否则违法。由此可见,某村委会的做法是正确的,方某夫妇必须停止建房。

【法律依据】

《土地管理法》第36条规定:"非农业建设必须节约使用土地,可以利用荒地的,不得占用耕地;可以利用劣地的,不得占用好地。禁止占用耕地建窑、建坟或者擅自在耕地上建房、挖砂、采石、采矿、取土等。"

4.农村土地承包权未经同意进行流转是否有效?

【典型案例】

2004年5月,刘某与甲村签订了耕地承包合同,并依法办理了相关证件。合同约定刘某承包土地6.5亩,承包期为30年。2004年9月,刘某又与宋某签订了承包权转让协议书,约定刘某将其承包地中耕地部分(3亩)的土地经营权以每亩5000元有偿转让给宋某,并由宋某每年向甲村交纳土地承包费用,期限为30年。合同签订后,宋某一次性给付刘某转让费1.5万元。此后的3年间,宋某每年按时向村委会交纳土地承包费,村委会均开具了专用收款收据,收据名字也都是用宋某的名字。2007年1月,宋某的亲友告知宋某,他可以要求办理承包经营权转让手续。而此时,刘某在自家其他的3.5亩地中的大棚种植收益很好,准备扩大面积,因此,刘某也想收回宋某手中那3亩地的土地经营权。双方多次协商都没能达成一致。2007年6月,宋某将刘某诉至法院,请求法院判令刘某协助,将其耕种的3亩耕地的使用权变更为宋某。而刘某以承包经营权转让未经村委会同意为由,请求法庭判定该项转让无效。刘某与宋某签订的土地承包权转让协议是否合法?未经村委会同意的转让会否影响该份合同的法律效力?刘某是否有义务协助宋某办理该3亩土地的使用权变更?

【法律评析】

这是一起典型的农村土地承包经营权流转案件,其核心问题在于承包经营权的转让方式和程序是否合法有效。本案中,刘某已与某村签订了耕地承包合同,并办理了相关证件,实际上已经合法取得了该地块的承包经营权。《中华人民共和国农村土地承包法》(以下简称《农村土地承包法》)第10条规定:"国家保护承包方依法、自愿、有偿地进行土地承包经营权流转。"《农村土地承包经营权流转管理办法》第6条的规定:"承包方有权依法自主决定承包土地是否流转、流转的对象和方式。任何单位和个人不得强迫或者阻碍承包方依法流转其承包土地。"刘某在依法取得合同约定地块的承包经营权后,可以合法进行土地承包经营权流转。

本案中,刘某与宋某签订的土地承包权转让合同系基于双方真实的意愿,未违反法律、行政法规的强制性规定。刘某采取转让的流转方式虽未事先取得村委会的同意,但是双方当事人签订合同之后,宋某如约按时向村委会交纳土地承包费用,村委会也予以认可并开具了专用收款收据。依据最高人民法院《关于审理涉及农村土地承包纠纷案件适用法律问题的解释》第13条的规定,承包方未经发包方同意,采取转让方式流转其土地承包经营权的,转让合同无效。但发包方无法定理由不同意或者拖延表态的除外。本案中,作为发包方的村委会对双方当事人进行土地承包经营权的流转没有法定的理由不同意,同时在知晓双方当事人之间土地承包经营权流转的情况下,未表示反对,故应当排除刘某提出的所谓未经村委会同意导致该合同无效的主张。

关于宋某要求刘某协助其办理土地使用权转让手续的请求,根据相关法律规定,结合《中华人民共和国农村土地承包经营权证管理办法》(以下简称《权证管理办法》)的规定,刘某与宋某签订合法有效的土地承包经营权流转合同后,应当依法办理土地承包经营权证的主体变更。因此,宋某的主张是有法可依的。

【法律依据】

《农村土地承包法》第10条:"国家保护承包方依法、自愿、有偿地进行土地承包经营权流转。"

《农村土地承包经营权流转管理办法》第6条:"承包方有权依法自主决定承包土地是否流转、流转的对象和方式。任何单位和个人不得强迫或者阻碍承包方依法流转其承包土地。"

5. 村委会私签合同有效吗?

【典型案例】

2002年,某乡某村村委会就该村三组公共果园发包一事多次召开承包会,由于该组公共果园占地面积为80亩,果树混种,情况比较复杂。虽然多次召开会议,但仍未能就果园承包期限、竞标底价等问题达成一致意见,村民代表也未在会议记录上签字。2007年1月初,村委会张贴招标广告,明示将三组果园发包,并确定发包底价及期限。1月8日,村委会又召开三组村民会议,但发包方案未被村民通过。而村委会于1月19日与他人签订了4份承包合同,将果园全部发包。三组村民不服,集体向法院提出起诉。某县人民法院受理了该村三组全体村民状告村民委员会违法与他人签订果树承包合同一案。经过审理,村委会与他人签订的4份果树承包合同均被判无效,依法保护了全体村民的合法利益。

【法律评析】

法院的审理过程依据《农村土地承包法》对农村土地承包行为的约束,既包括实体上的约束,又包括程序上的约束。《农村土地承包法》第19条对农村土地承包程序做出了明确规定。本案中,村委会在土地发包过程中没有按照法定程序办事,即在程序上违法,因此被判承包合同无效。村委会与他人签订果树承包合同,既未在村民代表会议上与村民代表形成一致意见,又未在村民集体会议上通过村委会公布的发包方案,发包程序不符合法律规定。根据有关法律规定,判决该4份果园承包合同均无效。

【法律依据】

《农村土地承包法》第18条:"土地承包应当遵循以下原则:(一)按照规定统一组织承包时,本集体经济组织成员依法平等地行使承包土地的权利,也可以自愿放弃承包土地的权利;(二)民主协商,公平合理;(三)承包方案应当按照本法第12条的规定,依法经本集体经济组织成员的村民会议2/3以上成员或者2/3以上村民代表的同意;(四)承包程序合法。"

《农村土地承包法》第19条:"土地承包应当按照以下程序进行:(一)本集体经济组织成员的村民会议选举产生承包工作小组;(二)承包工作小组依照法律、法规的规定拟订并公布承包方案;(三)依法召开本集体经济组织成员的村民会议,讨论通过承包方案;(四)公开组织实施承包方案;(五)签订承包合同。"

6. 农村承包地调整谁说了算?

【典型案例】

宋某家住甲镇乙村,他家北面就是村里原来的公共打谷场,面积有2.3亩,由于以前这块地是公共场地,属村自留地部分,因此多年来没有人管。村里分田到户后,该场地一度闲置。2004年起,同村的村民钟某等5户村民陆续占用这块土地,用于种植蔬菜。2009年,宋某的部分承包地被村里征用后,向村里提出用这块村自留地作为补偿,但是宋某刚刚提出就遭到钟某等5户村民的反对。2010年5月,该村委会书面通知宋某被征用承包地的面积用补偿的方式解决。5月27日,村委会召开村民组长代表、部分老党员会议,会议形成决议将原属村自留地的2.3

亩公共打谷场补偿给宋某。5月28日,该镇政府做出《关于调整宋某承包地的批复》,同意村委会的调整方案。镇政府做出批复后,又组织人去现场划地,但此时该场地已被钟某等5户种植了毛豆等农作物,划地遭到了阻挠。为此宋某提起诉讼,要求5名被告停止侵害,排除妨碍。

法院审理后认为,原、被告争执的公共打谷场场地属于村预留的机动地,5名被告对该机动地均无权占用。原告在村委会征用、占用其承包地后,依法有权获得相应补偿。但原告所提供的调整土地手续不符合《农村土地承包法》的有关规定,且至今未得到县级政府农业等行政主管部门批准,应认定该调整还未生效,宋某未正式取得该地的承包经营权。因此,宋某的诉讼请求无法得到法院的支持,被法院驳回。

【法律评析】

首先,宋某有权要求村委会给予补偿吗?根据《农村土地承包法》第16条第2款的规定:"承包地被依法征收、征用、占有的,有权依法获得相应的补偿。"这就说明宋某要求村里给予补偿的行为是正确的。补偿时,既可用征用耕地的土地补偿费的方式补偿,也可用换地补偿的方式给予安置。如果用征用土地的土地补偿费补偿方式,那么补偿费的标准为该耕地被征用前3年平均年产值的6~10倍。如用换地补偿的方式给予安置,就是在征用了这块土地后用另一块适宜耕种的土地进行补偿。由此可见,宋某要求村里以土地置换方式给予补偿是合法的。

但是《农村土地承包法》第27条明确规定:"承包期内,发包方不得调整承包地。承包期内,因自然灾害严重毁损承包地等特殊情形对个别农户之间承包的耕地和草地需要适当调整的,必须经本集体经济组织成员的村民会议2/3以上成员或者2/3以上村民代表的同意,并报乡(镇)人民政府和县级人民政府农业等行政主管部门批准。承包合同中约定不得调整的,按照其约定。"这是在程序上的合法性约束。也就是说,农村土地承包方案和调整承包地均必须经本集体经济组织成员的村民会议2/3以上成员或2/3以上村民代表同意。调整承包地需报乡(镇)人民政府和县级人民政府农业等行政主管部门批准。宋某的承包地调整方案既不能证明已经有2/3以上成员或村民代表同意,又没有主管部门的批准手续,败诉也就不足为怪了。

【法律依据】

《农村土地承包法》第16条第2款"承包地被依法征收、征用、占有的,有权依法获得相应的补偿。"

《农村土地承包法》第27条:"承包期内,发包方不得调整承包地。承包期内,因自然灾害严重毁损承包地等特殊情形对个别农户之间承包的耕地和草地需要适当调整的,必须经本集体经济组织成员的村民会议2/3以上成员或者2/3以上村民代表的同意,并报乡(镇)人民政府和县级人民政府农业等行政主管部门批准。

承包合同中约定不得调整的,按照其约定。"

7. 丧偶的农村妇女还有土地承包权吗?

【典型案例】

李某与杨某在2003年结婚。婚后,李某落户在丈夫杨某居住的甲村。2004年,杨某夫妇与村委会签订土地承包合同,取得该村2亩田的承包权。2004年5月9日,李某的丈夫杨某死亡,5月10日,村委会遂以原承包人杨某死亡为由将其承包的土地另行发包给同村村民黄某。李某知道此事后,以承包未到期为由要求村委会继续履行合同,虽多次与村委会协商,但屡遭拒绝。无奈之下,李某向市人民法院起诉。法院经审理判决如下:村委会和李某的土地承包合同是经过村委会的正当发包程序订立的,黄某是该村村民,具有承包资格,而且已对土地进行了实际耕作,故应确认其所取得的承包权合法有效。但鉴于原告李某的原承包合同尚未到期,且已对土地进行了实际投入,应予以适当的补偿(赔偿原告所受损失)。

【法律评析】

《农村土地承包法》第6条规定:"农村土地承包,妇女与男子享有平等的权利。承包中应当保护妇女的合法权益,任何组织和个人不得剥夺、侵害妇女应当享有的土地承包经营权。"根据本条规定,农村妇女在承包土地时与男子享有平等的权利。承包中应当保护妇女的合法权益,任何组织和个人不得剥夺、侵害妇女应当享有的土地承包经营权。在一些农村,歧视妇女的现象仍然存在,妇女在农村土地承包中的权利受到侵害。比如在妇女出嫁后在新居住地没有取得承包地的情况下收回其原承包地;有的农村妇女离婚或者丧偶后,仍在原居住地生活或者不在原居住地生活,但在新居住地也未取得承包地,原集体经济组织即收回该妇女已经取得的原承包地等等。在这些情况下,农村妇女的承包权益受到了侵害。因此,本法再次强调保护妇女在土地承包中的平等权利,是贯彻男女平等、保护妇女权益的重要体现,在广大农村地区,也仍具有重要的现实意义。

【法律依据】

《农村土地承包法》第6条:"农村土地承包,妇女与男子享有平等的权利。承包中应当保护妇女的合法权益,任何组织和个人不得剥夺、侵害妇女应当享有的土地承包经营权。"

8. 村民农转非后承包土地如何办理?

【典型案例】

甲村王某夫妇,在1982年土地承包到户时承包该村十二生产队耕地10.5亩,1982年至1985年由王某耕种,到1985年底王某办理农转非户口,全家迁到某市的一个厂矿。当时王某没有向村里报告如何处理承包地,致使土地荒芜一年,这

涉农典型案例法律评析

一年王某也没有上交有关费用。1987年,承包地由村委会安排本村张某等农户耕种,每户交承包费20元,共计100元。1987年8月,王某回到村里,他找到当时的村委会要求承包自己原先的耕地,双方现场签订了合同,合同承包期为3年,即1987年10月至1990年10月,承包费为400元,承包费必须于1987年10月31日前交清,合同才能成立。

在1987年10月31日王某来交承包费前,当时的村委会又以招投标的方式与张某签订了合同(3年600元承包费),待王某来交承包费时村主任不收(在约定的时间内),理由是张某等愿意将承包费增加到600元,如果王某要承包须在600元的基础上再增加,王某不愿意,最终致使同一块地产生了两份合同,引起争议。时任村主任李某未收回与王某签订的合同,而土地却由张某等一直耕种。

1990年,张某等与村委会又续签了3年的合同,合同期到1993年,之后又与村里口头约定续包。1999年农村土地二轮承包续签换证时,工作人员没有严格按政策规定办事,照抄1982年土地到户的底册,仍然将王某登记为承包户主,签订了《农村集体专业项目承包合同书》,合同期为3年,但王某没有亲自签字。而土地由张某等农民耕种到2002年,在此期间王某来到该村要求拿回合同书,村委会以"合同书应由种地人保管"为由予以拒绝。

【法律评析】

1982年,王某承包该村十二生产队耕地10.5亩,虽然承包手续不完善,但符合当时各级政策规定,应认定为合法有效的承包关系。1985年,王某全家农转非到某厂矿,其承包地荒芜,村委会将承包地收归集体另行转包,是符合当时政策规定的。1987年,村委会将收回的土地招标转包给张某等耕种,转包关系符合政策,但转包程序不尽规范,认定王某与村委会虽签了合同,但承包费低于张某等农民所交纳的承包费合同未实际履行,因此王某与村委会签订的合同为无效合同;张某等实际履行了合同,因此张某等与村委会签订的合同为有效合同。1999年初,按中央规定进行土地续签换证时,村委会签发的《农村集体专业项目承包合同书》,是按集体机动地进行承包的,发包方和承包方并没有进行协商,承包方签字栏也属发包方代签,该合同属无效合同。王某原承包地收归集体后,应按照2003年3月1日开始实施的《农村土地承包法》进行公开招标转包。办理农转非户口,全家迁出,且不在当地居住的,承包地应按政策规定收回另行转包。

【法律依据】

《农村土地承包法》第26条:"承包期内,发包方不得收回承包地。承包期内,承包方全家迁入小城镇落户的,应当按照承包方的意愿,保留其土地承包经营权或者允许其依法进行土地承包经营权流转。承包期内,承包方全家迁入设区的市,转为非农业户口的,应当将承包的耕地和草地交回发包方。承包方不交回的,发包方可以收回承包的耕地和草地。"

9. 征收农民土地的一般程序是怎么样的？

【典型案例】

五宁村是城市近郊区的一个农村。随着城市的发展,城市建设用地已经逐渐地向农村扩张。2005年春天,五宁村的农民在村委会的布告栏里看到了这样一个通知:五宁村因为靠近城市,已经纳入了城市建设的规划,按照规划要征收五宁村的土地为城市建设用地。五宁村的农民对此都议论纷纷。有的人说,听说有的靠近城市的农村征收了土地,给了很多的补偿,都发了财。也有的人说,有的地方也因为征收了土地,闹得很多人无家可归。没过几天,县城里派来了现场勘查土地的工作人员查看了将要征收的土地,这些土地有的是荒地,有的是农村住宅,还有部分耕地。之后,就有乡政府的工作人员陪同县政府的人来征询五宁村农民对征地的意见。很多农民反映,征地的补偿标准有些低,按照这个标准,很多农民被征了地后生活水平会急剧下降。

工作人员了解了这个情况后,决定召开关于土地补偿的听证会。在听证会上,工作人员认真地吸取了五宁村农民的意见,并告诉他们不要着急,他们会得到合理的补偿。听证会开完后过了一段时间,五宁村的农民在村委会的公告栏里看到了正式的公告,上面有省政府征收五宁村土地的批文,紧接着就通知五宁村被征地的农民去办理征地补偿登记。又过了几天,这次征地的补偿和安置的方案公布了。五宁村的农民看到了方案,觉得方案确实比听证会之前有了很大的改进,比较符合农民的心意,农民们也表示赞同这个补偿方案。五宁村的农民得到了补偿款,施工的机器也就开进了被征收的土地,这样五宁村便开始了城市规划建设。

【法律评析】

我国土地是社会主义公有的,任何单位和个人都没有土地的所有权。对于征收土地我国法律规定了严格的程序,不是谁都能随随便便地来占有和使用土地的。我们在案例里面简单地演示了一个征收土地的一般程序。下面我们来分步骤介绍,告诉农民征收土地到底是怎样一个过程。

第一,进行征地预告。这是说,在征地前,县级政府或者是国土资源管理部门要到即将征地的农村去告知,这个告知一定是公开的,让村里的农民都知道将要征地这件事。一般告知的内容包括哪个机关要进行征地、有什么文件、要征收的地在哪里、征收多大范围、征地用来干什么、怎么补偿农民等等事项。本案例中,2005年春天,五宁村村委会布告栏里贴出来的公告就是征地的预告。

第二,调查实地情况。这就是说,在征地的农村进行公告的同时,县级人民政府应该组织人到即将被征用的土地上去进行实地调查。看看被征收的土地是什么样的地、多大面积、土地上是盖房子还是种庄稼等,对一些归属不明的地要进行确认。本案中,来五宁村现场勘查的工作人员就是来调查实地情况的。

第三,征求农民意见。这个阶段主要是了解当地农民对征地的用途、补偿方案等问题的意见。对于征询意见的公示期不得少于5天。对于农民反映强烈的事项,还可以组织听证会。我们看案例中,五宁村的农民也对征地提出了自己的意见,特别是对补偿标准不是太满意,于是,政府组织了听证会进行讨论。

第四,准备材料,审核上报。经过征地的预告、现场勘查,了解了当地农民的意见,县级政府的土地资源管理部门就应该根据上述情况准备材料,报给县级政府初步审核。县级政府审核同意后,就可以报省政府进行批准了。

第五,征地的批准。县政府报上来的材料,一般先要到省级的国土资源厅进行审核,各种材料齐全,审核没有发现问题,就由省政府批准。进行征地的批准部门一般就是省政府。省政府批准不了的,就要报到国务院进行批准。

第六,发布正式征地公告。如果征地的材料被正式批准了,就要在征地的农村进行正式的征地批准材料的公告。这个一般在材料被批准后的10天内进行。本案中,五宁村的农民后来看到的带省政府批文的公告就是正式的公告。这里提醒广大农民朋友,征收农民的土地必须有正式的批文,一般是省级政府或者是国务院的批文,省级以下政府没有权利批准征地。所以,一定要注意正式批准征地的政府是哪一级。

第七,进行补偿登记。农民的土地被正式批准征收以后,农民在公告期间都要进行土地补偿的登记。一般村委会、村里农民或者是跟征地有利益关系的人进行登记。登记是便于以后对农民和相关人员进行补偿的依据。

第八,征地补偿方案的制定。县级政府会先草拟一个征地补偿的方案,并进行公告,征求农民的意见。公告期满了,如果征地的农民不提出异议,就报到县政府进行批准。我们看案例,后来公布补偿方案征求大家意见的就是这个步骤。

第九,发放补偿费用和交付土地。县级政府根据征地补偿的方案向农民和村委会等发放征地的补偿费用,收到补偿费用后,农民就要交付土地给县政府进行建设。农民朋友要注意,如果补偿的费用没有发放到手,可以拒绝把土地交给征地单位使用。

以上就是我国法律规定的征收农民土地的一般程序。征收农民的土地一定要依照法定程序处理,农民朋友也要了解每个步骤以保护自己的利益。

【法律依据】

《土地管理法》第46条:"国家征收土地的,依照法定程序批准后,由县级以上地方人民政府予以公告并组织实施。"

《土地管理法实施条例》第25条:"征用土地方案经依法批准后,由被征用土地所在地的市、县人民政府组织实施,并将批准征地机关、批准文号、征用土地的用途、范围、面积以及征地补偿标准、农业人员安置办法和办理征地补偿的期限等,在被征用土地所在地的乡(镇)、村予以公告。被征用土地的所有权人、使用权人应当在公告规定的期限内,持土地权属证书到公告指定的人民政府土地行政主管部门办理征地补偿登记。市、县人民政府土地行政主管部门根据经批准的征用土地方案,会同有关部门拟订征地补偿、安置方案,在被征用土地所在地的乡(镇)、村予以公告,听取被征用土地的农村集体经济组织和农民的意见。征地补偿、安置方案报市、县人民政府批准后,由市、县人民政府土地行政主管部门组织实施。对补偿标准有争议的,由县级以上地方人民政府协调;协调不成的,由批准征用土地的人民政府裁决。征地补偿、安置争议不影响征用土地方案的实施。征用土地的各项费用应当自征地补偿、安置方案批准之日起 3 个月内全额支付。"

10.征地补偿费用都包括什么?

【典型案例】

某村是一个以种田为主的普通农村。2006 年,该村被城市规划为建设用地范围。年底时候征地的预告开始在本村展开,农民们都知道要征地的消息。县政府的土地管理部门对当地的情况进行了调查,并询问当地农民的意见,农民们对其他方面的要求并不是很大,关键是对征地补偿的内容不是很满意。农民王五说自己在宅基地上刚刚建成养鸡的鸡舍,想得到补偿,工作人员认为宅基地上主要对住房进行补偿,其他的建筑不能补偿。王五很不同意这个说法,因为自己的鸡舍是刚刚建起来的,投入了不少积蓄。董方认为自己的承包地上搭建的工棚应该得到补偿,但是工作人员认为承包地上只能补偿青苗损失,其他的损失不管。后来,农民们对征地补偿的意见很大。于是,政府召开了征地补偿的听证会。经过讨论,确认王五的鸡舍属于法律上规定的补偿范围,应该得到相应的补偿,而董方在承包地上搭建的工棚是违章建筑,因而不能得到补偿。

【法律评析】

依照我国法律的规定,征地补偿的费用主要包括土地补偿费、安置补助费、地上附着物和青苗补偿费及其他有关费用。下面我们分别来介绍一下这些费用。

(1)土地补偿费,指因为征地对土地上的投入和收益造成的损失来进行的补偿。比如,为了在一块荒地上能种粮食,土地所有人对荒地进行了改良,使荒地变成了梯田,对在这一过程中的投入进行的补偿就是土地补偿费。按照国家的规定,土地补偿费用是被征地单位用来进行恢复和发展生产的,其补偿的对象是土地所有权人。在农村,土地补偿费一般是补给村集体经济组织的。

(2)安置补助费,指为了解决农民因为征地而造成生活困难的问题而进行的补偿。因为在农村,农民主要的生活来源一般就是依靠土地种植农作物,住的地方就是在宅基地上盖的房子,如果农民的地被征了,就相当于剪断了生活保障,这个时候就要给农民安置补助费,帮助农民解决生活问题。

(3)青苗补偿费,指在征地的时候,对土地上生长的农作物的一种补偿。由于农民的承包地都要种植农作物,征地的时候,农作物正在生长,直接征地会造成农民的损失,所以对土地上生长的农作物也要进行补偿。

(4)地上附着物的补偿,指对被征土地上的建筑物、构筑物的补偿。比如,对农民的房屋、水井、家禽家畜的棚舍、房前屋后的树木、铺设的管线等损失,都要进行补偿。除了这几种补偿费用外,在征地过程中给农民造成的误工费、搬迁费、基础设施的恢复费,也都需要补偿。

该案例中,某村的土地被征,大家对进行补偿的内容争论不一。王五家新建的鸡舍属于地上附着物的一种,是应该补偿的。而董方家在承包地上搭建的工棚,由于承包地上不能用于非农建设,因此工棚是非法建筑,不能进行补偿。

【法律依据】

《土地管理法》第47条:"征收土地的,按照被征收土地的原用途给予补偿。征收耕地的补偿费用包括土地补偿费、安置补助费以及地上附着物和青苗的补偿费。征收耕地的土地补偿费,为该耕地被征收前3年平均年产值的6至10倍。征收耕地的安置补助费,按照需要安置的农业人口数计算。需要安置的农业人口数,按照被征收的耕地数量除以征地前被征收单位平均每人占有耕地的数量计算。每一个需要安置的农业人口的安置补助费标准,为该耕地被征收前3年平均年产值的4至6倍。但是,每公顷被征收耕地的安置补助费,最高不得超过被征收前3年平均年产值的15倍。征收其他土地的土地补偿费和安置补助费标准,由省、自治区、直辖市参照征收耕地的土地补偿费和安置补助费的标准规定。被征收土地上的附着物和青苗的补偿标准,由省、自治区、直辖市规定。征收城市郊区的菜地,用地单位应当按照国家有关规定缴纳新菜地开发建设基金。依照本条第2款的规定支付土地补偿费和安置补助费,尚不能使需要安置的农民保持原有生活水平的,经省、自治区、直辖市人民政府批准,可以增加安置补助费。但是,土地补偿费和安置补助费的总和不得超过土地被征收前3年平均年产值的30倍。国务院根据社会、经济发展水平,在特殊情况下,可以提高征收耕地的土地补偿费和安置补助费的标准。"

11. 在校的农村大学生能不能获得征地补偿款?

【典型案例】

某村民刘老汉有两个儿子,刘连梁和刘连栋。该村是个穷地方,但是让刘老汉感到骄傲的是,两个儿子都很争气,全都考上了大学。刘老汉有两个大学生儿子,也被远近传为美谈。大儿子刘连梁大学毕业后,在城里一家国企工作,收入颇丰,并娶了个城里的媳妇,在城里落了户。二儿子刘连栋今年刚刚上大学二年级,还有2年毕业。就在不久前,该村得到了通知,村里的土地将被征收。按照征地补偿方案确定,村里被征土地的农民,每人将获得15300元征地补偿款。整体款项已经发放到了该村,由村委会发放给失地的农民。当刘老汉来领取征地补偿款的时候,村委会只给了刘老汉和老伴的征地补偿费。刘老汉想要回两个儿子的征地补偿款,村委会主任却说,他的两个儿子都上了大学,户口都迁出了本村,已经不是本村的人了,所以不能发给他们征地补偿款。刘老汉也不知道该怎么办,就给儿子打了电话,儿子告诉他可以通过法律途径来解决。于是,刘老汉来到了法院。法院经过审理认为,刘老汉的大儿子刘连梁早已经在城里落户,并有稳定收入,不能再分得征地补偿款。刘老汉的小儿子还是在校学生,其经济来源是刘老汉夫妇,是可以分得征地补偿款的。

【法律评析】

能否分到农村的征地补偿款,关键要看是否具有本村村民资格。按照我国户籍管理制度的规定,从农村考到城里读大学的学生,都要把户口迁到学校所在地。那么,把户口从村里迁出去后,是不是就说明他们脱离了原来的农村了呢?不能这么简单下结论。在校大学生转移户口,是由于户籍管理制度的约束,而不是真的要到外地定居生活,而他们的主要生活来源依然是靠父母、靠农村的承包地来供给。在这种情况下如果剥夺了他们的征地补偿款,势必会对他们的生活造成非常大的影响。但是,如果在校的大学生毕业后,在城里找到了稳定的工作,并取得了城市户口,我们可以认为他们已经脱离了农村,不再是原来村里的一员,就不能再参与本村的征地补偿款的分配了。

该案例中,刘老汉的两个儿子都是大学生,大儿子已经毕业,并在城里落户,有稳定的工作,因此他已不是该村的一员,是不能分得征地补偿款的。而刘老汉的小儿子刘连栋是上大学二年级的学生,他的主要经济来源还是在家里,还得依靠农村的土地,所以应分得征地补偿款的以保障他的生活。

【法律依据】

《农村土地承包法》第26条:"承包期内,发包方不得收回承包地。承包期内,承包方全家迁入小城镇落户的,应当按照承包方的意愿,保留其土地承包经营权或者允许其依法进行土地承包经营权流转。承包期内,承包方全家迁入设区的市,转为非农业户口的,应当将承包的耕地和草地交回发包方。承包方不交回的,发包方可以收回承包的耕地和草地。承包期内,承包方交回承包地或者发包方依法收回承包地时,承包方对其在承包地上投入而提高土地生产能力的,有权获得相应的补偿。"

第七章　劳动纠纷

1. 没有劳动合同, 劳动关系存在吗?

【典型案例】

2009年7月, 关某从甘肃老家前往广州打工。经过老乡的介绍, 他来到某木制品加工公司从事木工工作。加工公司没有与关某签订劳动合同, 没有为其缴纳社会保险。2010年4月, 关某在上班操作机床时手臂被卷进机器, 造成其手臂粉碎性骨折。事发后, 加工公司为关某支付了第一次手术的医疗费后, 拒绝为其有支付后续手术费用。关某出院后申请工伤认定, 劳动局告知关某因为加工公司拒绝承认与其有劳动关系, 他需要先向某市劳动争议仲裁委员会申请确认劳动关系。关某经过努力未能找到能证明劳动关系的证据, 遂向律师求助, 希望律师能帮助其找到能证明自己与该加工公司具有劳动关系的证据。律师指导关某通过同公司人员的证人证言证明其与加工公司劳动关系, 关某获得了工伤赔偿。

【法律评析】

在通常情况下, 劳动关系的建立以双方之间订立劳动合同为主要标志。然而, 实践中很多企业为了逃避法律责任, 经常不与打工者签订劳动合同, 以为这样就可以逃避法律法规对用人单位规定的义务, 比如支付医疗费、工伤待遇等。殊不知在我国, 在没有劳动合同的情况下, 劳动者只要能够证明自己确实在用人单位工作过, 用人单位仍然需要承担相关的法律责任。在没有劳动合同可以证明劳动关系的情况下, 应当在纠纷发生前就做些准备, 因为在纠纷发生后再寻找证据是很难的, 像案例中所述的那样, 同事给你提供证人证言的情况并不多见。我们最好把用人单位发放的工资单、工作证、工作服、考勤簿等保存, 以备后用。另外, 罚款单、写有员工名称的警告信、解雇书等也可以作为证据, 只要这些资料上有文字能体现用人单位与自己有过用工关系, 就可作为证明双方存在劳动关系的依据。如果拿不到这些证据, 也可以将老板与自己约定的工资数额、结算方式与工作时间等内容记录下来, 如果条件允许, 可以用录音的方式保存相关证据。把自己每天的工作情况详细记录, 在将来发生纠纷的情况下, 这些证据对于维护自己的合法权益是十分重要的。

【法律依据】

劳动和社会保障部《关于确立劳动关系相关事项的通知》第1条:"用人单位招用劳动者未订立书面劳动合同, 但同时具备下列情形的, 劳动关系成立。(一)用人单位和劳动者符合法律、法规规定的主体资格;(二)用人单位依法制定的各项劳动规章制度适用于劳动者,劳动者受用人单位的劳动管理,从事用人单位安排的有报酬的劳动;(三)劳动者提供的劳动是用人单位业务的组成部分。"

劳动和社会保障部《关于确立劳动关系相关事项的通知》第2条:"用人单位未与劳动者签订劳动合同,认定双方存在劳动关系时可参照下列凭证:(一)工资支付凭证或记录(职工工资发放花名册)、缴纳各项社会保险费的记录;(二)用人单位向劳动者发放的"工作证"、"服务证"等能够证明身份的证件;(三)劳动者填写的用人单位招工招聘"登记表"、"报名表"等招用记录;(四)考勤记录;(五)其他劳动者的证言等。其中,(一)、(三)、(四)项的有关凭证由用人单位负举证权利。"

2. 打工时,用人单位能扣押自己的证件吗?

【典型案例】

2009年7月,王某经他人介绍,前往深圳某企业打工。该企业以生产玩具为主要经营业务,需要大量的技术工人,由于该企业对员工管理十分苛刻,甚至还有工头辱骂、殴打工人的现象,并经常要求员工加班,也不按法定标准支付加班费,很多工人在工作一段时间后就不愿意在该企业上班了,这致使该企业的员工队伍很不稳定。企业为了稳定员工,做出以下规定:所有新录的员工,在签订劳动合同时须将自己的身份证上交。王某在2010年6月欲离开公司,要求公司返还身份证和押金,但公司拒绝其要求,理由是合同约定身份证只有年底放假或合同到期时才能归还。王某向当地的劳动保障部门举报公司的违法行为,在劳动保障部门的督促下,公司改正了错误,将违法保管和收取的身份证还给了王某。

【法律评析】

该公司扣押王某身份证的行为是一种违法行为,王某在自己的身份证扣押之后,通过向劳动保障部门举报,维护了自己的权益。在实践中,有些用人单位在和农民工签订劳动合同时,为了与其维持稳定的劳动关系,往往会利用他们的优势地位,非法扣押身份证件。这种做法限制了劳动者的人身自由,侵犯了劳动者的合法权益,是一种违法行为。

劳动合同是劳动者在与用人单位平等、自愿的基础上签订的,如果在合同期限内依照法定程序解除劳动合同,用人单位不得以扣押身份证件的形式限制劳动者的自由,用人单位以任何理由扣押身份证的行为都是违法的。那么,碰到用人单位扣押身份证等证件的时候,农民工朋友应该怎么办呢?我们应当运用法律手段维护自己的权益。员工可以直接到用人单位所在地的劳动和社会保障部门反映情况,也可以向用人单位所在地的劳动监察部门举报,依法维护自身的合法权益。这些部门应责令用人单位限期将身份证退还给劳动者本人,并依照有关法律规定给予处罚。

【法律依据】

《劳动合同法》第9条:"用人单位招用劳动者,不得扣押劳动者的居民身份证和其他证件,不得要求劳动者提供担保或者以其他名义向劳动者收取财物。"

3.用人单位能要求农民工承担违约金吗?

【典型案例】

2009年5月10日,农民工李某与某工厂签订了一份为期3年的劳动合同。该合同约定李某在该工厂从事保安工作,如果李某提前解除合同,需支付给工厂5000元违约金。此后,因李某找到了更适合自己且工资更高、待遇更好的工作,遂于2009年9月9日向该工厂递交了辞呈,明确提出将在次月12日离开该工厂,但遭到该工厂的坚决拒绝。11月15日,李某见该工厂固执己见,便悄悄离去并开始在另一家工厂工作。该工厂遂以李某违约为由,诉请法院判令李某支付5000元违约金。法院经过审理认为,虽然李某与该工厂在自愿的基础上约定违约金,但由于该支付违约金的约定违反了法律规定,当属无效。于是判决驳回某工厂的诉讼请求。

【法律评析】

根据规定,劳动合同中的违约金制度是指劳动者或者用人单位一方未按照合同约定履行义务时,给予对方一定数额的金钱作为补偿。在实践中,一些用人单位经常在劳动合同中随意设置违约金条款,用来限制和约束劳动者,那么如果劳动者将来违反了这些约定,是不是就意味着要向用人单位支付违约金呢?

根据相关法律规定,只有在以下两种情况下,用人单位才可与劳动者约定违约金:(1)用人单位为劳动者提供专项培训费用,进行专业技术培训的,如果劳动者违反服务期约定的,应当按照约定向用人单位支付违约金,但违约金的数额不得超过服务期尚未履行部分所应分摊的培训费用。(2)在工作中负有保密义务的劳动者,当与用人单位在劳动合同或者保密协议中约定了不得在具有竞争关系的单位从事相关工作时,如果劳动者违反该约定的,应当按照约定向用人单位支付违约金。除了以上这两种情况,用人单位不能就其他的问题与劳动者约定违约金条款。

本案中,李某虽然与该工厂签订的合同中约定了违约金,但是因为该约定不属于法律规定的可以约定违约金的情形,所以没有法律效力,李某辞职不用支付给该工厂违约金。

【法律依据】

《劳动合同法》第22条:"用人单位为劳动者提供专项培训费用,对其进行专业技术培训的,可以与该劳动者订立协议,约定服务期。劳动者违反服务期约定的,应当按照约定向用人单位支付违约金。"

《劳动合同法》第23条:"用人单位与劳动者可以在劳动合同中约定保守用人单位的商业秘密和与知识产权相关的保密事项。对负有保密义务的劳动者,用人单位可以在劳动合同或者保密协议中与劳动者约定竞业限制条款,并约定在解除或者终止劳动合同后,在竞业限制期限内按月给予劳动者经济补偿。劳动者违反竞业限制约定的,应当按照约定向用人单位支付违约金。"

《劳动合同法》第25条:"除本法第22条和第23条规定的情形外,用人单位不得与劳动者约定由劳动者承担违约金。"

4.怎样看待用人单位自行制定的规章制度?

【典型案例】

孙某于2009年从甘肃老家来到天津打工,在某竹艺公司任质检员,负责成品质量检验,经过其检验后的产品才可以入库上市。由于工作疏忽,孙某将一批质量不合格的货物误判为合格,导致这批货物上市后被退货。事发后,孙某接到公司一份处理决定,宣布将其辞退。经过与公司人力资源部刘经理的交涉,孙某看到了公司的《产品质量责任制度》,制度上果然有"由于员工工作失职,导致公司损失的,可以对该员工警告、记过、辞退"的规定。孙某认为自己从来没有看到过这样的制度,刘经理告诉她,这个制度是上个月在职工代表大会上通过的,准备在下个月开全公司职工大会的时候公布。根据职工代表大会决议,本制度从通过之日起实施。所以,孙某由于其失职,没有及时发现不合格产品,导致公司产品信誉损失,公司有权对其做辞退处理。

【法律评析】

在实践中,用人单位经常会像这家竹艺公司一样滥用规章制度来侵犯农民工的合法权益。那么,应当如何看待用人单位的规章制度呢? 劳动规章制度是用人单位制定的规范劳动过程和对员工进行管理的规则。依法制定的劳动规章制度有利于明确用人单位与劳动者之间的权利义务关系,有利于防止用人单位滥用权利,促进管理的规范化。对于依法制定的劳动规章制度,我们必须遵守。

但是在实践中,用人单位的规章制度往往不是依法制定的。法律规定在出现下列情形时,单位是不能依据这种规章制度对劳动者进行处罚的:(1)规章制度的内容不合法。劳动规章制度的内容不能违反法律法规的禁止性规定。其中,关于劳动条件和劳动待遇的规定,不得低于法定最低标准和集体合同约定的最低标准;关于惩罚违纪职工的规定,必须同法定的违纪罚则相符,不得侵犯劳动者的合法权益。不能规定诸如"打工者在打工期间不得结婚"等规章制度。如果这样规定,规章制度则无效。(2)规章制度的制定程序不合法。一般而言,制定规章制度必须经过职工代表大会或股东大会、董事会等机构或其他相应的民主程序通过。企业研究决定改制以及经营方面的重大问题、制定重要的规章制度时,应当听取公司工会的意见;召开讨论有关工资、福利、社会保险等涉及职工切身利益的问题时,必须有工会代表参加。违反上述程序性规定的,规章制度无效。(3)规章制度没有公示。企业内部规章制度的适用对象是本单位的全体职工,经公示的规章制度,全体职工都应当遵守执行。所以,规章制度必须明确告知广大职工,必须被单位的所有成员所知晓。公示可以采取张贴、印发等手段。未经公示的规章制度不产生约束力。

如果用人单位制定的规章制度存在以上问题的,这些规章制度无效,单位不能依据这些规章制度对劳动者进行处罚。在这种情况下,劳动者可以直接与用人单位解除劳动合同,而无须事先通知用人单位。在本案中,竹艺公司依据未公布的规章制度对孙某进行处罚明显是不合适的。孙某可以向劳动争议仲裁委员会申请仲裁,请求确认该规章制度对自己没有规范效力,并请求撤销企业的辞退处理决定。

【法律依据】

《劳动合同法》第80条:"用人单位直接涉及劳动者切身利益的规章制度违反法律、法规规定的,由劳动行政部门责令改正,给予警告;给劳动者造成损害的,应当承担赔偿责任。"

5.经济补偿金应当怎样计算?

【典型案例】

2009年10月,深圳市宝安区某企业员工李某,被企业辞退后因支付辞退经济补偿金问题与企业发生争议。李某的工资由基本工资和加班工资、住房补贴、生活补贴构成,其中基本工资1000元,加班工资和生活补贴平均每月超过800元。劳动争议仲裁委员会和一审法院都支持李某要求企业支付解除劳动合同经济补偿金的请求,但在计算经济补偿金的工资基数时,只计算基本工资而不计算加班工资、住房补贴、生活补贴。李某不服仲裁裁决和一审判决,上诉到深圳市中级人民法院,要求计算经济补偿金的工资应包括基本工资、加班工资、生活补贴。二审法院支持了李某的诉讼请求。

【法律评析】

李某在被用人单位辞退之后,能够得到一定的经济补偿金。本案的焦点在于,李某应该得到的经济补偿金的计算方法,亦即计算经济补偿金的工资基数仅限于基本工资还是指全部工资。对于经济补偿金的计算方法问题,广大的农民工朋友们应当注意以下几点:

(1)计算年限。用人单位应当按照农民工在本单位工作的年限,以每满1年支付1个月工资的标准向劳动者进行支付;工作时间为6个月以上不满1年的,按照1年计算;工作时间不满6个月的,向劳动者支付半个月工资。但是,支付经济补偿的年限最高不超过12年。关于农民工在本单位的工作年限,从农民工向用人单位实际提供劳动的那一天开始计算。如果用人单位发生改制的,改制的时候已经提供了经济补偿金的,从改制之后开始计算;如果在改制的时候没有提供经济补偿金的,改制之前的天数也应当计算在内。

(2)计算标准。按照农民工的月平均工资发放,该工资是指用人单位在正常生产情况下,解除或者终止劳动合同前12个月内农民工的平均工资。如果月工资高于用人单位所在直辖市、设区的市级人民政府公布的本地区上年度职工月平均工资3倍的,则按照职工月平均工资3倍的数额支付。

(3)工资基数。工资是指用人单位直接支付给本单位劳动者的劳动报酬。在计算经济补偿金时,应当以农民工每月的基本工资、岗位工资、效益工资、津贴、补贴、加班费等项目在内的实际收入总额作为标准来计算。

在本案中,该企业的意见不符合法律的规定,在计算经济补偿金时的工资基数不仅包括基本工资,而且也包括加班工资与生活补贴。李某通过提起劳动争议仲裁与诉讼,成功地维护了自己的权益。

【法律依据】

《劳动合同法》第46条:"有下列情形之一的,用人单位应当向劳动者支付经济补偿:(一)劳动者依照本法第38条规定解除劳动合同的;(二)用人单位依照本法第36条规定向劳动者提出解除劳动合同并与劳动者协商一致解除劳动合同的;(三)用人单位依照本法第40条规定解除劳动合同的;(四)用人单位依照本法第41条第1款规定解除劳动合同的;(五)除用人单位维持或者提高劳动合同约定条件续订劳动合同,劳动者不同意续订的情形外,依照本法第44条第1项规定终止固定期限劳动合同的;(六)依照本法第44条第4项、第5项规定终止劳动合同的;(七)法律、行政法规规定的其他情形。"

《劳动合同法》第47条:"经济补偿按劳动者在本单位工作的年限,每满1年支付1个月工资的标准向劳动者支付。6个月以上不满1年的,按1年计算;不满6个月的,向劳动者支付半个月工资的经济补偿。劳动者月工资高于用人单位所在直辖市、设区的市级人民政府公布的本地区上年度职工月平均工资3倍的,向其支付经济补偿的标准按职工月平均工资3倍的数额支付,向其支付经济补偿的年限最高不超过12年。本条所称月工资是指劳动者在劳动合同解除或者终止前12个月的平均工资。"

6. 干完活以后,包工头携款逃跑了,应该怎么办?

【典型案例】

2009年4月25日,来自甘肃的农民工王某等人前往浙江杭州打工,在找工作时碰到了老乡向某,经过攀谈之后,得知向某为包工头。经过思虑之后,王某等人

涉农典型案例法律评析

认为向某可以信赖,于是答应跟着向某做事。2009年5月2日,向某带着王某等人开始为某工程队施工。8月底完工时,该工程承包公司A公司和包工头向某已欠农民工工资31900元。经多次讨要,王某等人才得知该工程是A公司从上海某公司转包后又包给向某,向某找王某等人进行施工。A公司已将工资款付给向某,但向某卷走此款,下落不明,并有合同及收款收据为证。此案经劳动仲裁,以超时效为由被驳回;一审法院在审理中,以工资支付证明未找到而判决王某等人败诉。于是王某等人进行了上诉,终审法院判令A工程承包公司支付王某等人工资款31900元。

【法律评析】

按照相关规定,只有单位才有权招聘员工,与员工建立劳动关系,向某作为个人是不能与王某等人签订劳动合同的。在建设工程领域,对用人单位有更为严格的要求,用人单位必须是具有建筑施工资质的企业才行。也就是说,包工头承包工程本身就是违法的。但是,包工头在现实中仍然大量存在。这是因为农民工外出打工时找工作的渠道不是很多,在这种情况下就只能依赖于向某这些包工头,那么在干完活以后,如果包工头卷钱逃走了,该怎么办呢?这个时候,农民工可以直接去找将工程给了包工头的建筑公司要工资。

在实践中,建筑公司把工程承包给包工头个人,是违反法律规定的。农民工虽然是跟着包工头打工,但是从法律上来讲,两者之间并不存在劳动关系,而是与将工程转给包工头的建筑公司之间建立了劳动关系。建筑施工企业应当直接将工资发放给劳动者本人,而不得将工资发放给包工头或者没有用工主体资格的单位、个人。如果用人单位把钱给了包工头,包工头携款逃跑的,劳动者仍然有权继续要求用人单位支付工钱。

在这里,我们也要提醒广大农民工朋友在外出打工时,首先要明确是给谁干活,不要因为轻信别人而造成损失;其次要注意保留证明劳动关系存在的各种证据;最后要尽快进入法律程序,避免四处奔波。

【法律依据】

《建筑法》第29条:"建筑工程总承包单位可以将承包工程中的部分工程发包给具有相应资质条件的分包单位;但是,除总承包合同中约定的分包外,必须经建设单位认可。施工总承包的,建筑工程主体结构的施工必须由总承包单位自行完成。建筑工程总承包单位按照总承包合同的约定对建设单位负责;分包单位按照分包合同的约定对总承包单位负责。总承包单位和分包单位就分包工程对建设单位承担连带责任。禁止总承包单位将工程分包给不具备相应资质条件的单位。禁止分包单位将其承包的工程再分包。"

7. 工资应当在什么时候发放？

【典型案例】

2009年3月，陈某在上海一家公司从事保安工作，在陈某与公司签订的劳动合同中约定，每月5日为发工资日，公司遵照规定按时给陈某发了工资。但从2009年7月份开始，公司每月20日以前就没向陈某发放过工资，而工资在20日之后哪一天发出也并不确定。陈某认为，当时其与公司签订的劳动合同上明文规定每月5日是发工资日，但是公司没有按照合同办事，于是陈某找到了公司管理者，要求每月按时发放工资，并给予一定的拖欠工资补偿。但公司管理者却说，按照《劳动法》的规定，工资要按月支付，只要在一个月之内发放工资都是符合法律规定的，不存在拖欠工资的问题。

【法律评析】

该案中，公司的做法真的是有法可依吗？答案是否定的。按照我国法律的规定，工资必须按月足额支付给劳动者，并不是说该公司只要每个月向陈某支付一次工资就可以了，而是说要按照固定的日期向陈某支付工资。因为如果设定了一个日期，以后每月都要晚一天的话，时间长了，就会造成陈某实际少领一个月工资的情况，这就形成了拖欠工资的行为。所以，陈某所在公司的管理者跟职工约定5日发工资，但是不断后延的做法是错误的，是违反《劳动法》规定的。

但是工资的发放时间也存在着一定的例外：如果用人单位实行的是周、日、小时工资制的，可以按照周、日、小时来支付工资；如果劳动者是完成一次临时性劳动的，用人单位应当在其完成劳动任务后立即支付工资，在劳动关系解除或者终止时，用人单位应当一次性付清劳动者工资。用人单位不按照法律规定，没有按劳动合同约定的时间支付工资的，就构成拖欠工资的行为。在这种情况下，农民工可以向当地法院申请支付令，人民法院应当依法发出支付令，督促企业按时给劳动者支付工资。

【法律依据】

《劳动法》第50条："工资应当以货币形式按月支付给劳动者本人。不得克扣或者无故拖欠劳动者的工资。"

8. 没参加工伤保险是否会影响打工者获得工伤赔偿？

【典型案例】

安某2007年8月从山东老家前往上海打工，2007年9月被某建筑公司招聘为升降机操作员，并签订了劳动合同。2010年5月9日，安某在检查升降机时，由于操作过失，导致左手中指和食指末节被升降机压伤，经鉴定为工伤9级。单位支付了安某治疗的全部费用，在合同未到期的情况下，以违章解除了与安某的劳动合同。为此,安某向单位申请工伤赔偿。但单位以全厂职工均未参加社会工伤保险为由,告知安某不能从工伤保险经办机构得到补偿,并说工伤保险的法律规定只适用已参加工伤保险的单位,对未参加的不适用。所以,单位不同意给安某支付工伤保险待遇。安某不服,遂与单位发生纠纷。

【法律评析】

建筑公司没有参加工伤保险,王某能获得工伤保险待遇吗?答案是肯定的。该建筑公司在参加或者没有参加工伤保险的情况下,都应该支付王某的工伤保险待遇。根据相关法律规定,我国实行强制工伤保险制度,工伤保险责任的承担实行工伤保险责任优先的原则和社会保险加单位责任制的工伤补偿模式。包括该建筑公司在内的用人单位都应当定期缴纳工伤保险费,工伤保险机构以工伤保险费建立工伤保险基金,用人单位的赔偿责任就转移给工伤保险机构,由工伤保险机构对工伤职工提供保险待遇。但是由于工伤保险制度在部分地区落实情况不佳,很多单位都没有参加工伤保险。当发生工伤事故时,用人单位往往以没有参加工伤保险为由,拒绝支付工伤保险的有关待遇。很多劳动者对此也不十分了解,因此往往使得工伤无法得到赔偿。

本案例中,该建筑公司以没有参加工伤保险为由拒绝工伤赔偿明显是没有法律依据的。根据法律规定,不论该建筑公司有没有给王某办理工伤保险,只要王某与该建筑公司的劳动关系确立,那么王某在发生工伤后,都会得到法律规定的工伤保险待遇。如果该建筑公司办理了工伤保险,王某的赔偿由工伤保险机构提供;如果该建筑公司未办理工伤保险,王某的赔偿则由该建筑公司直接提供。在本案中,该建筑公司拒不支付王某的工伤保险待遇,王某可以先向劳动争议仲裁委员会申请仲裁,对仲裁裁决不服,可以再向人民法院起诉,通过法律途径来获得自己应得的赔偿。

【法律依据】

《社会保险法》第41条:"职工所在用人单位未依法缴纳工伤保险费,发生工伤事故的,由用人单位支付工伤保险待遇。用人单位不支付的,从工伤保险基金中先行支付。从工伤保险基金中先行支付的工伤保险待遇应当由用人单位偿还。用人单位不偿还的,社会保险经办机构可以依照本法第63条的规定追偿。"

《工伤保险条例》第2条:"中华人民共和国境内的企业、事业单位、社会团体、民办非企业单位、基金会、律师事务所、会计师事务所等组织和有雇工的个体工商户(以下称用人单位)应当依照本条例规定参加工伤保险,为本单位全部职工或者雇工(以下称职工)缴纳工伤保险费。中华人民共和国境内的企业、事业单位、社会团体、民办非企业单位、基金会、律师事务所、会计师事务所等组织的职工和个体工商户的雇工,均有依照本条例的规定享受工伤保险待遇的权利。"

《工伤保险条例》第62条:"用人单位依照本条例规定应当参加工伤保险而未

参加的,由社会保险行政部门责令限期参加,补缴应当缴纳的工伤保险费,并自欠缴之日起,按日加收0.5‰的滞纳金;逾期仍不缴纳的,处欠缴数额1倍以上3倍以下的罚款。依照本条例规定应当参加工伤保险而未参加工伤保险的用人单位职工发生工伤的,由该用人单位按照本条例规定的工伤保险待遇项目和标准支付费用。用人单位参加工伤保险并补缴应当缴纳的工伤保险费、滞纳金后,由工伤保险基金和用人单位依照本条例的规定支付新发生的费用。"

9. 签订了"伤亡自负"的协议后,因工负伤怎么办?

【典型案例】

农民工肖某远离家乡来到某建筑公司打工。经双方协商,公司支付给肖某的工资报酬是每月1800元,吃住与其他职工同等对待,其他问题公司一概不管。为此双方签订了劳动合同,劳动合同中特别注明"伤亡自负,公司概不负责"的条款,合同期限为1年。天有不测风云,肖某仅工作了10个月就不慎在工作中受伤。单位送肖某到医院治疗预付押金3000元,住院治疗花去医疗费用9000元,治愈后双手留下手指残疾。经当地劳动鉴定委员会鉴定其伤残程度为4级。公司按照合同规定除已付3000元外,再不负担肖某的医疗费用。由于有"生死合同"在先,肖某是"哑巴吃黄连,有苦难言"。但由于肖某失去了劳动能力,其生活越来越困难,回家后的肖某在亲属的陪同下又回到原单位,要求公司给予生活帮助,公司拒绝了肖某的要求,肖某就向当地劳动争议仲裁委员会申请仲裁,要求公司支付全部医疗费用,支付工伤保险待遇。劳动争议仲裁定委员会经过调查,支持了肖某的请求。

【法律评析】

虽然肖某与该建筑公司在签订的劳动合同中注明"伤亡自负,公司概不负责"的条款,但是在肖某发生工伤事故以后,该建筑公司不能据此拒绝赔偿肖某应当享受的工伤待遇。

"工伤概不负责""伤亡概由本人负责"等条款,往往被称作"生死合同"或"生死条款"。"生死条款"常见于建筑行业,尤其是一些私营或乡镇企业性质的建筑公司,在招用劳动人员时利用农民工求职心切的心理,包办劳动合同的签订,强行约定一些不利于农民工的条款,比如签订生死合同。但是签订了这些条款并不意味着农民工就得不到法律的保护。根据相关规定,任何合同的签订都必须遵守国家的法律、法规。不论当事人是否自愿与雇主约定"工伤概不负责",都是违反宪法和有关劳动法规的,都是无效的,不能获得法院的支持。

现实生活中,用人单位往往利用自己的优势跟处于弱势、毫无讨价还价能力的农民工签订不公平、不合理的劳动合同,比如职工加班加点而不付加班费,无故剥夺劳动者休息时间等,这些劳动合同条款都是无效的,不会受到法律的保护。

对劳动合同的无效或者部分无效有争议的,农民工应当申请劳动争议仲裁机构或者人民法院确认这些条款无效。在经过确认无效之后,农民工既可直接向用人单位请求赔偿,也可以向劳动行政主管部门申请处理,还可以向人民法院起诉,以此来维护自己的合法权益。

【法律依据】

《合同法》第53条规定:"合同中的下列免责条款无效:(一)造成对方人身伤害的;(二)因故意或者重大过失造成对方财产损失的。"

《劳动合同法》第26条规定:"下列劳动合同无效或者部分无效:(一)以欺诈、胁迫的手段或者乘人之危,使对方在违背真实意思的情况下订立或者变更劳动合同的;(二)用人单位免除自己的法定责任、排除劳动者权利的;(三)违反法律、行政法规强制性规定的。对劳动合同的无效或者部分无效有争议的,由劳动争议仲裁机构或者人民法院确认。"

10. 农民工能不能享受职工医疗保险? 与新农合有冲突吗?

【典型案例】

小张是来自湖南农村的一位农民,于2009年2月到北京市一家电器制造公司打工,与厂里签订了为期3年的劳动合同。2010年11月,小张患病住院治疗。小张认为自己应当享受医疗保险待遇,公司应当报销自己的医疗费。针对小张的情况,公司认为小张是农民工,无权享受医疗保险,而且公司在阅读了劳动合同后认为,当初在劳动合同中并没有医疗保险的规定,所以拒绝了小张的要求。公司人事管理部门的负责人去医院探望小张时,委婉地表达了公司的意见,引起小张情绪上的波动,他认为公司在自己生病最需要帮助的时候却一脚将自己踢开,抛弃了自己。为此,小张委托家人向当地的劳动监察机关进行咨询。经过咨询,小张的心情平静了不少,因为根据法律法规的规定,小张工作单位的做法显然是违法的,如果公司决意执行该错误决定,小张准备将公司告到当地的劳动争议仲裁委员会。

【法律评析】

关于农民工是否享受医疗保险,国家并没有强制性的统一规定。北京、深圳等地先后出台了相关规定,因此在北京、深圳等地的农民工可以享受职工医疗保险。小张因为是在北京打工,所以可以享受职工医疗保险。下面就结合北京市的有关规定,来说明这一问题。

(1)在北京市内的所有用人单位,不管是国有企业还是私营企业,都应当为其招用的外地农民工办理医疗保险。

(2)外地农民工在北京参加基本医疗保险,农民工本人不用缴费,费用全部由用人单位承担。农民工个人不建个人账户,不计缴费年限,缴费当期享受有关待遇。但是在其他地方有不同的规定,比如在深圳,农民工须每月交4元的医疗保险费。

(3)如果用人单位没有足额缴费的,农民工发生的医疗费用由用人单位按照医疗保险有关规定的标准支付。外地农民工可以向用人单位所在的区县或者市劳动保障行政部门劳动监察机构举报。

另一个需要农民工朋友们注意的问题是新农合(新型农村合作医疗)。新农合的出现给农民工医疗保障提供了一种更切实可行的选择,由于新农合是以家庭为单位参加,很多人即使在外打工,也在家乡参加了新农合。据相关政策,参加新农合的农民外出务工,只要在非营利性医疗机构看病,都可以享受新农合优惠,主要的区别就在于报销政策,不同级别的医院有不同规定。

根据相关法律规定,参加城镇职工医保有困难的农民工可以自愿参加城镇居民医保或新农合。也就是说,农民工可以按照自身的实际情况,自愿选择适合自身的医保体系。由于新农合系统和城镇居民医保系统不对接,出现了同一参保人分别在两个系统报销的情况。对于这种状况,国家并没有明确的规定,深圳等地出台了地方规定予以了禁止,即农民工在深圳等地不得重复参保职工医疗保险与新农合。

【法律依据】

《社会保险法》第23条:"职工应当参加职工基本医疗保险,由用人单位和职工按照国家规定共同缴纳基本医疗保险费。无雇工的个体工商户、未在用人单位参加职工基本医疗保险的非全日制从业人员以及其他灵活就业人员可以参加职工基本医疗保险,由个人按照国家规定缴纳基本医疗保险费。"

《社会保险法》第24条:"国家建立和完善新型农村合作医疗制度。新型农村合作医疗的管理办法,由国务院规定。"

11. 农民工应当怎样提出工伤认定申请?

【典型案例】

2005年3月,卢某从湖南老家来到广东打工,不久便在某制衣公司找到一份稳定的业务主管工作,月薪也让卢某十分满意。2007年9月,卢某步行下班在回家途中被一辆摩托车撞伤,事故造成卢某左腿骨折。经医治,卢某逐渐得以恢复,但左腿已变得行走不便。卢某住院期间,公司领导为卢某报销了全部医疗费用,还积极为卢某向摩托车方追讨应得的损害赔偿款。卢某出院后,也重新回到工作岗位继续工作。2009年9月,公司经营方向进行调整,卢某原来负责的业务不再进行,公司决定解散包括卢某在内的部分职工。虽然公司向被解散的职工支付了经济补偿,但卢某认为,其2007年9月的交通意外事故应当是工伤,公司还应当给予他工伤待遇。卢某决定申请工伤认定,可是当他向劳动保障部门申请工伤认定时,劳动保障部门做出了不予受理决定书。卢某不服该决定,向法院提起诉讼,法院经过审理,驳回了卢某的诉讼请求。

【法律评析】

卢某发生工伤事故或者被诊断为职业病后,该制衣公司应当在法律规定的时间内向有关部门提出工伤认定申请。如果制衣公司未申请的,卢某或者其直系亲属可以自己申请。卢某自行申请工伤认定需要注意以下问题:

(1)申请时间。卢某应当在事故伤害发生之日起或者被诊断、鉴定为职业病之日起1年内。一定要牢记1年的期限,超过1年以后就不再得到法律的保护。

(2)申请机构。如果该制衣公司为卢某缴纳了工伤保险金,则卢某应当向缴纳工伤保险金所在地的设区的市级劳动保障行政部门(直辖市为区县级劳动保障行政部门)提出申请。如果该制衣公司没有为卢某办理工伤保险,则由该制衣公司所在地设区的市级劳动保障行政部门办理(直辖市为区县级劳动保障行政部门)。也就是说,看该制衣公司有没有为卢某办理工伤保险,办理了的依办理地,没有办理的依企业所在地。

(3)提交材料。①医疗诊断证明或者职业病诊断证明书(或者职业病诊断鉴定书)。②工伤认定申请表。这张表是由劳动保障行政部门统一印制的,卢某只需要在领取表格后按照要求填写就可以。③与该制衣公司存在劳动关系的证明材料。一般情况下,只需要提交双方签订的劳动合同即可。如果没有签订劳动合同,卢某可以提交能够证明双方存在劳动关系的其他材料,比如任职登记表、工作证、工资表、考勤记录、在一起打工的其他人的证言等。

在本案中,卢某的要求未能得到劳动保障部门与法院的支持,就是因为卢某提出工伤认定申请的时候已经距离2007年9月有2年的时间,不符合在事故伤害发生之日起或者被诊断、鉴定为职业病之日起1年内的规定。这也提醒农民工朋友们,在申请工伤认定的时候一定要注意各方面的要求,以免自己的权益得不到保护。

【法律依据】

《工伤保险条例》第17条:"职工发生事故伤害或者按照职业病防治法规定被诊断、鉴定为职业病,所在单位应当自事故伤害发生之日或者被诊断、鉴定为职业病之日起30日内,向统筹地区社会保险行政部门提出工伤认定申请。遇有特殊情况,经报社会保险行政部门同意,申请时限可以适当延长。用人单位未按前款规定提出工伤认定申请的,工伤职工或者其近亲属、工会组织在事故伤害发生之日或者被诊断、鉴定为职业病之日起1年内,可以直接向用人单位所在地统筹地区社会保险行政部门提出工伤认定申请。"

《工伤保险条例》第18条:"提出工伤认定申请应当提交下列材料:(一)工伤认定申请表;(二)与用人单位存在劳动关系(包括事实劳动关系)的证明材料;

（三）医疗诊断证明或者职业病诊断证明书（或者职业病诊断鉴定书）。工伤认定申请表应当包括事故发生的时间、地点、原因以及职工伤害程度等基本情况。工伤认定申请人提供材料不完整的，社会保险行政部门应当一次性书面告知工伤认定申请人需要补正的全部材料。申请人按照书面告知要求补正材料后，社会保险行政部门应当受理。"

《工伤保险条例》第20条："社会保险行政部门应当自受理工伤认定申请之日起60日内作出工伤认定的决定，并书面通知申请工伤认定的职工或者其近亲属和该职工所在单位。社会保险行政部门对受理的事实清楚、权利义务明确的工伤认定申请，应当在15日内作出工伤认定的决定。作出工伤认定决定需要以司法机关或者有关行政主管部门的结论为依据的，在司法机关或者有关行政主管部门尚未作出结论期间，作出工伤认定决定的时限中止。社会保险行政部门工作人员与工伤认定申请人有利害关系的，应当回避。"

12. 什么是养老保险？用人单位未缴纳的，农民工应当怎么办？

【典型案例】

现年50岁的赵某于1997年从河北老家前往北京打工，自1997年5月开始在北京一出版社从事清洁工作。赵某原为农业户口，2009年9月转为非农业户口。2006年11月，出版社开始为赵某缴纳养老保险。2010年年初，赵某要求出版社为其补缴1999年6月1日至2006年10月的养老保险，单位表示同意。不料在办理手续时，所在地人力资源和社会保障局表示不能办理，理由是依据目前有关规定，用人单位未为农民工缴纳保险，致使农民工不能按规定享受养老保险待遇的，用人单位只能对农民工进行补偿，而不能补缴。于是赵某向人民法院提起诉讼，要求单位补缴养老保险。法院审理后认为，所在地的人保局根据农民工社会保险只能补偿不能补缴的规定，做出不予受理赵某补缴养老保险待遇申请的决定符合法律规定，依法驳回了赵某的诉讼请求。庭审中，出版社表示同意依据相关政策给予赵某一次性经济补偿。

【法律评析】

农民工在外打工时，不仅要关心自己的工资等问题，而且也要关心自己年老之后的生活保障问题，这就牵扯到了养老保险。所谓养老保险，是国家和社会为了保障劳动者在退休之后的基本生活而建立的一种社会保险制度。那么，农民工能享受养老保险吗？根据相关规定，农民工要真正实现按月领取养老金其实不是很难，只要是满足男性年满60周岁、女性年满55周岁以及个人缴费年限累计满15年的条件，退休后就可以按月发给其基本养老金；基本养老金由基础养老金和个人账户养老金组成。农民工退休时按月领取的养老金计算标准与城镇劳动者领取养老金的计算标准完全一致。

由于农民工流动性比较强,户籍往往不在参保地,根据相关政策的规定,参保人员因工作流动在不同地区参保的,不论户籍在哪里,应当将实际的缴费年限相加,作为享受基本养老金的条件。由于我国各个地区在养老金的缴纳基数、缴纳方式等方面存在差别,因此农民工应当注意本地区劳动行政部门发布的相关规定。在实践中,存在着用人单位为农民工办理了养老保险之后未按时缴纳保险费或者保险费缴纳不足的情况。此时,农民工养老保险的个人账户储蓄额将受到影响。所以,农民工可以定期到社会保险经办机构查询个人的社会保险缴费记录,发现用人单位没有给自己缴纳社会保险费的,应当及时向劳动监察部门举报。

在本案中,根据北京市的相关规定,用人单位未为农民工缴纳保险,只能对其补偿,而不能补缴。因此农民工为维护自己的合法权益,需要时刻监督单位及时为自己足额缴纳社会保险,以免重蹈赵某的覆辙。

【法律依据】

《社会保险法》第10条:"职工应当参加基本养老保险,由用人单位和职工共同缴纳基本养老保险费。无雇工的个体工商户,未在用人单位参加基本养老保险的非全日制从业人员以及其他灵活就业人员可以参加基本养老保险,由个人缴纳基本养老保险费。"

《社会保险法》第16条:"参加基本养老保险的个人,达到法定退休年龄时累计缴费满15年的,按月领取基本养老金。参加基本养老保险的个人,达到法定退休年龄时累计缴费不足15年的,可以缴费至满15年,按月领取基本养老金;也可以转入新型农村社会养老保险或者城镇居民社会养老保险,按照国务院规定享受相应的养老保险待遇。"

13. 什么是劳动纠纷? 解决劳动纠纷有哪些途径?

【典型案例】

农民工韩某于2009年7月20日到一家纺织品公司下属的专卖店任导购。2010年3月2日,公司安排韩某到仓库盘点货物,等工作完成之后,公司领导告知韩某暂时不用去上班,过几天公司会为她安排其他工作。期间,韩某多次到公司问询工作安排情况,均未得到明确答复。后来,韩某发现,公司没有给她发放2010年3月到仓库盘点货物时的工资与加班费,共计800元。于是,韩某提起劳动争议仲裁,要求确认其与公司自2009年7月20日开始就存在劳动关系;公司补发2010年3月的工资与加班费800元;公司应当立即为自己安排工作。劳动争议仲裁委员会支持了韩某的仲裁请求。

【法律评析】

韩某因为该公司没有及时给其调换工作以及该公司拖欠其工资、加班费的行为,而与该公司发生的纠纷在性质上属于劳动纠纷,韩某通过申请劳动争议仲裁维护了自己的合法权益。劳动纠纷就是农民工跟所在的工厂、企业等用人单位之间因为实现劳动权利和履行劳动义务而发生的纠纷。具体来说，用人单位没有按时足额给劳动者发放工资、没有为劳动者缴纳社会保险、安排加班没有支付加班费、无故辞退等都属于劳动纠纷。

值得注意的是，以下几种情况下发生的纠纷不属于劳动纠纷：(1)家政服务人员与家庭、个人之间的纠纷；(2)自己因为私事向用人单位借款而引起的纠纷；(3)请求社会保险经办机构发放社会保险金引发的纠纷；(4)农民工对于劳动能力鉴定委员会的伤残等级鉴定结论或者是对职业病诊断委员会的职业病诊断结论的异议纠纷等。

当农民工与用人单位发生劳动纠纷之后，解决纠纷的途径有哪些呢？根据相关法律规定，农民工有以下几种解决途径：

(1)直接与用人单位协商。这是最方便也是最省事的方法，如果与单位协商就能解决问题，就可以避免因为司法途径而给自己造成的时间或者金钱负担。

(2)向劳动行政部门投诉。用人单位拖欠或者未足额支付劳动报酬，或者拖欠工伤医疗费、经济补偿金、赔偿金的，农民工可以向劳动行政部门投诉，劳动行政部门应当依法处理。

(3)申请劳动争议调解。农民工可以选择到企业劳动争议调解委员会、依法设立的基层人民调解组织或者在乡镇、街道设立的具有劳动争议调解职能的组织申请调解。

(4)申请劳动争议仲裁。如果不愿协商或者调解，又或者调解不成的，农民工可以在法定期限内向用人单位所在地的劳动争议仲裁委员会申请劳动争议仲裁。

(5)提起劳动争议诉讼。如果对于劳动争议仲裁委员会做出的仲裁裁决不服的，可以在法定期限内向人民法院提起劳动争议诉讼，通过打官司来维护自己的合法权益。

需要说明的是，与用人单位发生劳动争议后，应当尽快解决纠纷，切忌一拖再拖，因为法律对于提起劳动争议仲裁和诉讼都有一定的时间限制，无故拖延可能会导致丧失维护自身合法权益的最佳时机。

【法律依据】

《劳动法》第77条："用人单位与劳动者发生劳动争议，当事人可以依法申请调解、仲裁、提起诉讼，也可以协商解决。调解原则适用于仲裁和诉讼程序。"

第八章 交通事故纠纷

1. 名义车主与实际车主要承担一样的肇事责任吗?

【典型案例】

王某是一名学生,每天最苦恼的一件事就是晚自习后放学回家要经过一条小街。小街没有路灯,每次骑车从那里经过时都要非常小心,虽然小街南北路口都设了一个"限速30千米/小时"的警示标志,但经过此地的车辆行驶速度都比较快,有的甚至超过80千米/小时。2010年5月25日,王某像往常一样放学回家,刚走到小街中间,就被一辆疾驶过来的面包车撞倒。王某被送到医院抢救,花费4万多元才恢复健康。当地公安交通部门认定,该车驾驶员李某负事故的全部责任。王某出院后,向该车行驶证上登记的车主马某要求赔偿时遭到拒绝,理由是该车不是他的,他已经在2009年将车卖给了现在的车主张某,王某和她的家人找到张某,张某提出车虽然是他买的,但是在2010年1月又将车抵债给李某,现在实际的车主应该是李某。当王某找到李某时,李某辩称,车虽然是他的,但是车子没有办理过户手续,车主应该是马某,因此李某拒绝赔偿。王某应向谁索赔呢?

【法律评析】

本案的争议焦点是"名义车主"对已售出车辆发生交通事故致人损害应否承担赔偿责任。最高人民法院在《关于连环购车未办理过户手续,原车主是否对机动车发生交通事故致人损害承担责任》的复函中规定:"连环购车未办理过户手续,因车辆已交付,原车主既不能支配该车的营运,也不能从该车的营运中获得利益,故原车主不应对机动车发生交通事故致人损害承担责任。但是,连环购车未办理过户手续的行为,违反有关行政管理法规的,应受其规定的调整。"

因此,本案中马某已将车辆卖给张某,而张某又把车卖给李某,因此马某和张某都已失去对车辆的管理和控制,没有肇事,且不能从该车辆的运营中取得利益,故李某应承担本次事故造成损失的赔偿责任。

【法律依据】

最高人民法院《关于连环购车未办理过户手续,原车主是否对机动车发生交通事故致人损害承担责任》的复函中规定:"连环购车未办理过户手续,因车辆已交付,原车主既不能支配该车的营运,也不能从该车的营运中获得利益,故原车主不应对机动车发生交通事故致人损害承担责任。但是,连环购车未办理过户手续的行为,违反有关行政管理法规的,应受其规定的调整。"

2.借用车辆发生交通事故,车主是否承担责任?

【典型案例】

某单位司机张某将单位车辆借给本单位一个有驾驶证的同事李某,后李某发生交通事故致人损害,受害人因究竟是由车主某单位赔偿,还是由司机张某赔偿,还是由驾驶人李某赔偿而产生了纠纷。

【法律评析】

《道路交通安全法》对非车主驾驶车辆导致交通事故,车主是否承担连带赔偿责任并无明确规定。而根据通常审判实践,在借用车辆发生交通事故的情况下,车主须承担赔偿责任的情形大致有以下几种:将车辆借用给无证驾驶或酒后驾驶等不宜开车的人,肇事司机下落不明或者在借用车辆过程中存在过错等。

对于车主是否承担责任,应当从运行支配与运行利益两方面加以分析。车辆所有人将车辆借给他人使用,是基于利益和信任关系自主支配其车辆的使用权,在此情形下,车辆所有人和借用人都是车辆运行的支配者,同时也是运行利益的归属者。因此,如发生交通事故,借用人应承担损害赔偿责任,出借人应承担连带责任。而且,车辆是一种高速运输工具,对环境以及安全均存在潜在的危险。因此,车主应当具有严格管理车辆的义务,而其自愿将车辆借给他人,脱离自己管理,由他人进行自由支配的行为,也就说明了其愿意承担车辆在借给他人过程中所发生的一切风险。所以,从此角度分析,车主亦应当承担连带的赔偿责任。

本案中,对于受害人的损失,某单位应当予以赔付。但是,需要提醒的是,如果本案车辆投保了车辆保险,某单位可在赔付后要求保险公司支付相应的保金。如果本案车辆没有投保车辆保险,则某单位可在赔偿范围内向司机李某进行追偿,因为毕竟李某才是本次事故的直接责任人,对事故负有全部责任。

【法律依据】

《道路交通安全法》第76条:“机动车发生交通事故造成人身伤亡、财产损失的,由保险公司在机动车第三者责任强制保险责任限额范围内予以赔偿;不足的部分,按照下列规定承担赔偿责任:(一)机动车之间发生交通事故的,由有过错的一方承担责任;双方都有过错的,按照各自过错的比例分担责任。(二)机动车与非机动车驾驶人、行人之间发生交通事故,非机动车驾驶人、行人没有过错的,由机动车一方承担赔偿责任;有证据证明非机动车驾驶人、行人有过错的,根据过错程度适当减轻机动车一方的赔偿责任;机动车一方没有过错的,承担不超过10%的赔偿责任。交通事故的损失是由非机动车驾驶人、行人故意碰撞机动车造成的,机动车一方不承担赔偿责任。”

3.搭顺风车时的事故责任怎么认定?

【典型案例】

2009年,某县人民法院对一起交通事故案做出一审判决,判决驾驶员承担70%的责任,车主承担连带责任。张某、王某与叶某是好朋友。2008年8月8日,三人开着叶某妻子周某的汽车一起去了外地。在两天后的返途中,车辆在高速公路上撞上了右侧护栏,导致王某死亡,车上其他人受伤。事故发生后,交警部门做出交通事故认定书,认定司机张某未按操作规范安全驾驶,负事故的全部责任;死者王某没有过错行为,不负事故责任。事后,车主周某赔偿了死者家属2万元。但由于对其他赔偿问题无法达成一致,2008年10月6日,王某的家人将驾驶员张某和车主周某一并告到法院,要求其赔偿包括死亡赔偿金、精神抚慰金在内的各项损失共计27万余元。法院审理后认为,从常理来看,王某搭乘应该是无偿的,构成了法律上的"好意同乘"。张某是本次事故的直接侵权人,应直接承担赔偿责任;周某是事故车辆的车主,对车辆运行具有支配权,并享有运行利益,应当对该笔赔偿款承担连带赔偿责任。

【法律评析】

好意同乘,即搭便车、搭顺风车,是指无偿搭乘他人机动车,且该机动车在交通事故中遭受损害。其特点是:第一,同乘者搭乘他人机动车。第二,所搭乘的他人机动车并非为搭乘者的目的而运营或者行驶,而是为了自己的目的,搭乘者的目的与机动车行驶的目的仅仅是巧合,或者仅仅是顺路而已。第三,搭乘者搭乘机动车为无偿,有偿则为客运合同所调整。对于好意同乘,我国立法对此并没有明文规定。但《民法通则》第123条规定:"从事高空、高压、易燃、易爆、剧毒、放射性、高速运输工具等对周围环境有高度危险的作业造成他人损害的,应当承担民事责任;如果能够证明损害是由受害人故意造成的,不承担民事责任。"这一条对从事高危作业的人规定了较高的注意义务。机动车理应为高速运输工具,根据此条款,驾驶机动车的车主理应承担较高的注意义务。此外,车辆既为驾驶员全面操控,驾驶员当然应对车上的人、物安全负有责任。

总之,对于好意同乘应依照以下规则处理能取得较好的法律效果与社会效果:第一,在交通事故中,好意同乘者作为受害人应当得到适当的赔偿。这种赔偿应由法院斟酌具体情形,确定适当的补偿数额,一般应在受害人受损数额的1/2内。受害人的损失限于直接物质损失,不包括精神损失和间接损失。第二,如果事故是由于好意同乘者的故意造成,应当免除驾驶员与车主的赔偿责任;如果好意同乘者的过失为重大过失或者一般过失,且与驾驶员的过失具有共同原因力的,应当按照过失相抵的原则处理,按照过错和原因力的比例分担损失。

【法律依据】

《合同法》第302条："承运人应当对运输过程中旅客的伤亡承担损害赔偿责任，但伤亡是旅客自身健康原因造成的或者承运人证明伤亡是旅客故意、重大过失造成的除外。前款规定适用于按照规定免票、持优待票或者经承运人许可搭乘的无票旅客。"

4. 车辆买了保险，出事如何理赔？

【典型案例】

2009年9月20日，岳张村的李旺财骑着人力三轮车在镇上的马路边由北向南行驶，与镇上老寿星饭店的司机苏一拳所开的金杯客车相撞发生交通事故，李旺财的三轮车被撞散，李旺财自己被撞出去好几米远，重重地摔在马路边上，苏一拳驾驶的金杯客车则只是车身被撞，轻微变形，苏一拳本人没有受伤。事故发生后，苏一拳立即报了警，并将李旺财送到医院抢救。最终，李旺财还是因受伤严重经抢救无效死亡。这起交通事故经交通管理部门调查认定，事故发生时，苏一拳驾驶的金杯牌小客车在自己一侧的车道内，而李旺财所骑的三轮车则处在占道位置，所以李旺财对事故的发生要负主要责任，苏一拳车速过快，对事故的发生负次要责任。随后，双方在交管部门的主持下达成了调解协议，老寿星饭店为李旺财支付抢救费、医药费、丧葬费等共计4500元，另外一次性支付李旺财家属3万元的补偿款，其他损失由李旺财家人自己承担。苏一拳所开的金杯客车的损失1600元由老寿星饭店承担。老寿星饭店在支付完赔偿补偿款后，交管部门制作了《道路交通事故损害赔偿调解书》，赔偿问题算是告一段落。

事故发生后，老寿星饭店通知了金杯车机动车第三者责任险的承保机构人民保险公司某支公司。调解协议达成后，老寿星饭店的工作人员拿着保险单、受害人李旺财的死亡证明、交管部门做出的《损害赔偿调解书》以及车辆修理的相关发票，要求保险公司理赔，但保险公司却以所持材料证明不齐全为由，拒绝理赔。老寿星饭店对此很是郁闷，自己办了保险，现在却还拿不到钱，到底理赔时应该准备什么材料才能顺利拿到赔偿款呢？

【法律评析】

生活中，大家为了保险起见，一般都会给自己的车辆买份保险，但往往不太清楚发生交通事故时，自己应该做些什么，应该保存哪些资料证据，才能最及时有效地获得理赔。本案中，老寿星饭店遇到的就是这样的困境。在向保险公司要求理赔的过程中，我们必须明白要遵循的规则以及应该准备的材料，才能顺利地领到理赔款。

首先，要求保险公司理赔时应注意以下几点：第一，依据相关法律的规定，事故发生后，应当及时向保险公司报案。第二，事故发生后要及时施救，避免损失扩大。《保险法》规定,投保人放任或故意扩大保险事故损失的,经证实保险人可以不负赔偿责任。第三,积极配合保险公司办理理赔相关事宜,协助保险公司对车辆进行查勘、照相、定损。第四,向保险公司索赔不要超过理赔周期,《保险法》规定,被保险人自保险车辆修复、事故处理结案之日起3个月内不向保险公司提出理赔申请,或自保险公司通知被保险人领取保险理赔款之日起1年内不去领取应得赔款,视为自动放弃权益。

其次,在具体程序方面,如果事故仅涉及财产损失、车辆受损,理赔时应按下列程序进行:(1)到保险公司报案,带上保险单、车辆行驶证和驾驶证(如果被扣就不用带了),将受损的车开到保险公司,在理赔部填写《车辆出险登记表》《出险通知书》,协助保险理赔人员查检出险车辆。(2)定损。拿着《车辆出险登记表》去找理赔部定损人员,并确定修理项目和修理费用。定损后,定损人员会出具一张《定损单》,一定要留意,不要遗漏修理费,修理费不能定得太低,以防修车时不够用。如果在保险公司指定的修理厂修车,就不用管修理费的高低了,反正修理厂会保证把车修好,若修不好保险公司得负责任。修车时要拿上《定损单》,把它和车一起交给修理厂,修理厂将按照《定损单》上所定项目修车。车修好后,凭《提车单》支付修理费后把自己的车提回,同时索要加盖修理厂公章的修车发票、《托修单》、《施工单》、《材料单》。(3)开具事故证明。拿着对方车的修车发票和对方车主一起去交通队结案,得到一张加盖交通队公章的《事故证明》,同时拿回自己被扣的证件。(4)索赔。将准备好的《出险通知书》、《定损单》、修车发票、《托修单》、《施工单》、《材料单》、《事故证明》、《赔款结算单》拿到保险公司理赔部办理赔偿。这样经过一星期左右就可以接到保险公司的领款通知,带上签章、身份证明和《车辆出险登记表》就可以领款了。(5)事故涉及人身伤亡的,除以上证明之外,还得提供事故责任认定书、事故调解终结书、县级(含县级)以上医院做出的伤者诊断证明、残疾者的法医评残鉴定证明、死亡者的死亡证明、抢救治疗费收据、工资收入证明、派出所盖章的家庭情况证明及保险公司针对特殊情况要求的其他必要的证明文件。

【法律依据】

《机动车交通事故责任强制保险条例》第21条:"被保险机动车发生道路交通事故造成本车人员、被保险人以外的受害人人身伤亡、财产损失的,由保险公司依法在机动车交通事故责任强制保险责任限额范围内予以赔偿。道路交通事故的损失是由受害人故意造成的,保险公司不予赔偿。"

《机动车交通事故责任强制保险条例》第23条:"机动车交通事故责任强制保险在全国范围内实行统一的责任限额。责任限额分为死亡伤残赔偿限额、医疗费用赔偿限额、财产损失赔偿限额以及被保险人在道路交通事故中无责任的赔偿限额。机动车交通事故责任强制保险责任限额由保监会会同国务院公安部门、国务院卫生主管部门、国务院农业主管部门规定。"

《机动车交通事故责任强制保险条例》第27条:"被保险机动车发生道路交通事故,被保险人或者受害人通知保险公司的,保险公司应当立即给予答复,告知被保险人或者受害人具体的赔偿程序等有关事项。"

《机动车交通事故责任强制保险条例》第28条:"被保险机动车发生道路交通事故的,由被保险人向保险公司申请赔偿保险金。保险公司应当自收到赔偿申请之日起1日内,书面告知被保险人需要向保险公司提供的与赔偿有关的证明和资料。"

《机动车交通事故责任强制保险条例》第29条:"保险公司应当自收到被保险人提供的证明和资料之日起5日内,对是否属于保险责任作出核定,并将结果通知被保险人;对不属于保险责任的,应当书面说明理由;对属于保险责任的,在与被保险人达成赔偿保险金的协议后10日内,赔偿保险金。"

《机动车交通事故责任强制保险条例》第31条:"保险公司可以向被保险人赔偿保险金,也可以直接向受害人赔偿保险金。但是,因抢救受伤人员需要保险公司支付或者垫付抢救费用的,保险公司在接到公安机关交通管理部门通知后,经核对应当及时向医疗机构支付或者垫付抢救费用。因抢救受伤人员需要救助基金管理机构垫付抢救费用的,救助基金管理机构在接到公安机关交通管理部门通知后,经核对应当及时向医疗机构垫付抢救费用。"

5.人车相撞发生事故,责任如何承担?

【典型案例】

2010年4月28日晚10点左右,秋水镇红豆村的司机廖大毛开着自家的小面包车从望川县城区往秋水镇方向行驶,正碰上行人毛小舟从右往左横穿马路,廖大毛一时避让不及,面包车与毛小舟发生了碰撞,事故造成毛小舟受伤和车辆损坏。事后,交警部门做出事故的责任认定,廖大毛驾驶机动车未按操作规范安全驾驶,行人毛小舟违反交通规则横穿道路,双方对此次事故承担同等责任。毛小舟经医院诊断为左趾骨骨折、股骨内外侧踝及右侧胫骨挫伤,司法伤残鉴定为10级伤残。为此,出院后的他于2010年7月12日向法院提起诉讼,请求法院判决被告廖大毛和保险公司共同承担自己的包括医疗费、护理费和误工费等在内的各项费用共计9.9万元。

法院经过审理判定,被告保险公司赔偿原告毛小舟8.7万元,被告廖大毛赔偿毛小舟4300元。廖大毛在赔偿了毛小舟之后很不服气,同年9月27日,他也一纸诉状将毛小舟告上了法庭,请求法院判决毛小舟赔偿自己因本次交通事故造成的包括拖车费、车辆维修费和配件费在内的损失共计4809元。法庭上,廖、毛双方就赔偿问题争论不休。廖大毛认为,在这次事故中,交警部门已经认定双方对这起事故负有同等的责任,事故造成车辆损坏,所以毛小舟理应赔偿自己的那一部分损失。毛小舟则说,虽然交警部门认定负同等责任,但让其赔偿廖大毛的车损没有道理。经过审理,法院认为机动车与非机动车驾驶人、行人之间发生交通事故的,非机动车、行人赔偿机动车一方因交通事故产生的损失,于法无据,遂做出判决,驳回原告廖大毛的诉讼请求。

【法律评析】

生活中,机动车与行人发生碰撞的交通事故很多,在大多数情况下,机动车的过错较大,承担的赔偿责任也较多,但也有一些交通事故中,机动车与行人要承担同等的责任。这时,机动车司机往往会以事故责任均等来要求行人对其车辆所受损害也承担一定的赔偿责任。那么在这种情况下,行人到底要不要承担赔偿责任呢?机动车和行人之间发生交通事故,除特殊情况外,不论哪一方有过错,机动车一方均应承担赔偿责任,只是过错责任的分配不同,实际的损害承担也有所不同。法律之所以要这样规定,即机动车在事故中多承担一些责任,是考虑到机动车相对于非机动车、行人而言,是高速运输工具,它的危险性以及产生的危险后果比起非机动车和行人要大很多。所以,基于实现公平正义和维持社会合理秩序的角度考虑,由机动车承担较大部分的责任也是合情合理的,是符合立法精神中"保护弱势"这一立法原则的。

但这一规定在适用时也有例外情况,也就是之前提到的:如果交通事故的损失是由非机动车、行人故意碰撞机动车造成的,则机动车一方不承担赔偿责任。这一情形不同于一般的机动车与行人之间发生的交通事故,它的发生是由于非机动车或行人故意或者恶意搞破坏造成的,这属于一般的民事侵权行为,不属于交通肇事。因此,在这一情况下,机动车就属于受害的一方,当然不应承担任何赔偿责任。

回到本案,面包车司机廖大毛遇到的问题就是一般的机动车与行人之间发生了交通事故,机动车一方想要索赔的情形。依据交通事故责任认定书,虽然毛小舟对事故的发生负有同等责任,但法律没有规定行人应赔偿机动车一方损失,所以毛小舟也就没有义务对廖大毛的损失承担什么赔偿责任了。

【法律依据】

《道路交通安全法》第76条:"(二)机动车与非机动车驾驶人、行人之间发生交通事故,非机动车驾驶人、行人没有过错的,由机动车一方承担赔偿责任;有证据证明非机动车驾驶人、行人有过错的,根据过错程度适当减轻机动车一方的赔偿责任;机动车一方没有过错的,承担不超过10%的赔偿责任。交通事故的损失是由非机动车驾驶人、行人故意碰撞机动车造成的,机动车一方不承担赔偿责任。"

6.连环交通事故中,责任如何承担?

【典型案例】

有一天中午,天上正下着大雪,司机柳树夏开着车主卞成辉的半拖挂汽车往正阳赶,他是卞成辉专门雇来替其开车送货的。因为快中午了,柳树夏就有点着急,车开得难免就快了些。当他正沿着公路由西向东行驶时,突然发现一个人正骑着自行车由南向北横过前面的马路,柳树夏立即左打方向盘并踩了刹车装置。但是,因下雪路滑加上车速过快,柳树夏开的汽车的车头还是越过了公路的中心线,车尾向右侧甩,与相向而行的另一辆大货车发生碰撞,致该车司机周八七受伤,两辆汽车都有不同程度的损坏。柳树夏的汽车车尾向右侧滑时,又将横穿马路的骑车人刘星雨连人带车撞倒,造成刘星雨当场死亡。被撞的大货车司机周八七被这突然发生的一幕弄得目瞪口呆。自己好好地开着车,没想到竟出了这样的事,太意外了!被撞的骑车人刘星雨,今年才20刚出头,她还没被送到医院就死亡了。

事故发生后,交通巡警大队对事故做出了责任认定:在这次事故中,柳树夏在雪天路滑的情况下超速行驶,发现险情时又没有及时采取适当的避让措施,致使车辆侧滑后发生事故,应对这起事故负主要责任;死者刘星雨在横过公路时对路面上穿行的车辆观察避让不够,应对事故负次要责任;货车司机周八七属正常驾驶,并没有过错,故对这起事故不负责任。

经中国人民保险公司正阳分公司对周八七的货车定损,确认损失数额为26900元。周八七受伤后,在正阳第二人民医院住院救治30天,自行负担医疗费共计3439.2元。在这期间,柳树夏所开汽车的车主卞成辉已经向死者刘星雨的亲属支付了赔偿款8.3万元,给周八七支付了2.8万元的赔偿金。

周八七觉得自己之所以遭受损失,与死者刘星雨的过错有关,要不是她违规穿过马路,这事也就不会发生了,所以,周八七以自己在此次事故中无任何责任却损失惨重,且刘星雨对此次事故负次要责任,其遗产继承人应按刘星雨承担的责任给予相应赔偿为理由,将刘星雨的父母诉至法院。刘星雨的父母接到传票后非常伤心,自己的女儿都没了,现在还有人找上门来要钱,于情于理都说不过去。于是刘星雨的父母反诉周八七超速行驶,应对这起事故负次要责任。

法院对此次连环事故引发的官司进行了认真的审理,最后对周八七和刘星雨父母的诉讼请求都没有支持。

【法律评析】

本案涉及的道路交通事故实际上是由连环发生的两起事故组成的,两起事故分别造成了两个损害结果。要想解决本案的纠纷,首先应根据损害结果搞清楚造成损害的原因,然后才能弄明白每个当事人应负的责任。两个损害结果分别为:刘星雨死亡、所骑自行车被毁坏和周八七遭受的车损人伤。首先,刘星雨人死车毁是因其违规横过公路,加之柳树夏在超速行驶的情况下采取的避让措施不当造成的,这是一起交通肇事。对于这起交通肇事的责任,道路交通事故处理机关认定由柳树夏负主要责任,刘星雨负次要责任。其次,周八七的车损人伤,则是因为柳树夏避让横过公路的刘星雨时没有顾及雪天路滑和对面来车的实况,向左打方向盘的幅度太大而使得超速行驶的机动车越过了公路中心线与周八七的货车相撞所致,这是一起紧急避险事故。所谓紧急避险,是指为了避免一个危险的发生,不得已损害他人的权益。法律规定,因紧急避险造成损害的,由引起险情发生的人承担民事责任。因紧急避险采取措施不当或者超过必要的限度,造成不应有的损害的,紧急避险人应当承担适当的民事责任。在这起紧急避险事故中,险情虽然是由违规横过公路的刘星雨引发的,但在宽阔的路面上,刘星雨的违规行为并不会迫使柳树夏只能采取两车相撞的办法去避险。所以两辆车撞在一起的根本原因,是柳树夏超速驾驶和采取紧急避险措施不当。道路交通事故处理机关认定周八七是正常驾驶,对事故不负责任,那么紧急避险事故的责任就应当由柳树夏负担,与刘星雨无关。周八七起诉请求由刘星雨的遗产继承人承担赔偿责任,其理由不能成立。

本案既有机动车与非机动车之间的交通肇事,也有机动车与机动车之间的紧急避险。造成非机动车一方人员死亡的,是交通肇事中卞成辉所有的机动车,且肇事机动车一方已对自己的过错承担了责任。周八七是紧急避险事故的受害方,没有参与交通肇事,与交通肇事中非机动车一方人员的死亡无关,不属于刘星雨父母所指的情况,因此其诉讼请求法院也不能支持。

【法律依据】

《侵权责任法》第31条:"因紧急避险造成损害的,由引起险情发生的人承担责任。如果危险是由自然原因引起的,紧急避险人不承担责任或者给予适当补偿。紧急避险采取措施不当或者超过必要的限度,造成不应有的损害的,紧急避险人应当承担适当的责任。"

7. 交通事故之后赔什么?

【典型案例】

2009年9月12日中午,行人王璐生在沪宁公路某段由东向西横穿马路,此时司机于天正开车由南向北行驶,由于当时正下雨,视线不清,于天驾驶车辆避闪不及,将王璐生撞到。这起事故导致王璐生住院33天,花费医药费等共计7518.15元。2009年11月23日,王璐生经华东司法鉴定中心鉴定,伤残等级为10级,应给予治疗休息期120日,营养期60日,护理期90日。2009年11月28日,王璐生将于天、张开怀(车主)以及保险公司告上法庭,要求赔偿其医疗费、误工费、伤残赔偿金以及精神抚慰金等共计81656.4元,并提供了相应的单据予以证明。被告于天等则不同意原告提出的众多损害赔偿项目,认为赔偿项目过多,不符合实际情况,要求法院驳回王璐生的诉讼请求。

法院经审理后认为,王璐生提出的损害赔偿请求项目符合法律规定,各项赔偿请求合理合法。法院最终判决,由三被告赔偿王璐生医疗费、住院费、误工费、伤残赔偿金、精神抚慰金等各项损失共计 81656.4 元。

【法律评析】

本案交通事故主要涉及的是人身损害的赔偿项目问题。根据相关法律的规定,交通事故人身损害赔偿的项目包括:医疗费、误工费、护理费、交通费、住宿费、住院伙食补助费、必要的营养费、残疾赔偿金、残疾辅助器具费、康复费、整容费、后续治疗费、丧葬费、被扶养人生活费、死亡补偿费、精神损害抚慰金等。可以发现,这些项目都是因事故造成的各种花费。换句话说,只要是事故造成的损失,就应该得到赔偿。各项目具体的赔偿标准是这样的:

(1)医疗费:医疗费的赔偿数额,根据医疗机构出具的医药费、住院费等收款凭证,结合病历和诊断证明等相关证据,按照一审法庭辩论终结前实际发生的数额确定。对于器官功能恢复训练所必要的康复费、适当的整容费以及其他后续治疗费,赔偿权利人可以待实际发生后另行起诉。

(2)误工费:根据受害人的误工时间和收入状况确定。误工时间根据受害人接受治疗的医疗机构出具的证明确定。受害人有固定收入的,误工费按照实际减少的收入计算。受害人无固定收入的,按照其最近3年的平均收入计算;受害人不能举证证明其最近3年的平均收入状况的,可以参照受诉法院所在地相同或者相近行业上一年度职工的平均工资计算。

(3)护理费:根据护理人员的收入状况和护理人数、护理期限确定。护理人员有收入的,参照误工费的规定计算;护理人员没有收入或者雇佣护工的,参照当地护工从事同等级别护理的劳务报酬标准计算。护理人员原则上为一人,但医疗机构或者鉴定机构有明确意见的,可以参照意见确定护理人员人数。护理期限应计算至受害人恢复生活自理能力时止。

(4)交通费:根据受害人及其必要的陪护人员因就医或者转院治疗实际发生的费用计算。交通费应当以正式票据为凭;有关凭据应当与就医地点、时间、人数、次数相符合。

(5)住院伙食补助费:可以参照当地国家机关一般工作人员的出差伙食补助标准予以确定。受害人确有必要到外地治疗,因客观原因不能住院,受害人本人及其陪护人员实际发生的住宿费和伙食费,其合理部分应予赔偿。

(6)营养费:根据受害人伤残情况,参照医疗机构的意见确定。

(7)残疾赔偿金:根据受害人丧失劳动能力程度或者伤残等级,按照受诉法院所在地上一年度城镇居民人均可支配收入或者农村居民人均纯收入标准,自定残之日起按20年计算。

(8)残疾辅助器具费:按照普通适用器具的合理费用标准计算。伤情有特殊需要的,可以参照辅助器具配制机构的意见确定相应的合理费用标准。

（9）丧葬费：按照受诉法院所在地上一年度职工月平均工资标准，以6个月总额计算。

（10）被扶养人生活费：指加害人非法剥夺他人生命权，或者侵害他人健康权致其劳动能力丧失，造成受害人生前或丧失劳动能力以前扶养的人扶养来源的丧失，应依法向其赔偿必要的费用。费用以死者生前或者残者丧失劳动能力前实际扶养的、没有其他生活来源的人为限，按照交通事故发生地居民生活困难补助标准计算。对不满16周岁的人扶养到16周岁；对无劳动能力的人扶养20年，但60周岁以上的，年龄每增加1岁减少1年，最低不少于10年；75周岁以上的按5年计算。

（11）死亡赔偿金：按照受诉法院所在地上一年度城镇居民人均可支配收入或者农村居民人均纯收入标准，按20年计算。

（12）精神损害抚慰金：适用《最高人民法院关于确定民事侵权精神损害赔偿责任若干问题的解释》予以确定。精神损害的赔偿数额根据以下因素确定：①侵权人的过错程度，法律另有规定的除外；②侵害的手段、场合、行为方式等具体情节；③侵权行为所造成的后果；④侵权人的获利情况；⑤侵权人承担责任的经济能力；⑥受诉法院所在地平均生活水平。法律、行政法规对残疾赔偿金、死亡赔偿金等有明确规定的，适用法律、行政法规的规定。

综上可知，本案中法院所做的判决是正确的。这里提醒大家需要注意的是，发生交通事故不管主张哪一项人身损害赔偿，一定要有充分的证据，这就要求大家在处理事故的全过程中要妥善保管各类单据，否则法院是不会支持各位的主张的。

【法律依据】

最高人民法院《关于审理人身损害赔偿案件适用法律若干问题的解释》第17条："受害人遭受人身损害，因就医治疗支出的各项费用以及因误工减少的收入，包括医疗费、误工费、护理费、交通费、住宿费、住院伙食补助费、必要的营养费，赔偿义务人应当予以赔偿。受害人因伤致残的，其因增加生活上需要所支出的必要费用以及因丧失劳动能力导致的收入损失，包括残疾赔偿金、残疾辅助器具费、被扶养人生活费，以及因康复护理、继续治疗实际发生的必要的康复费、护理费、后续治疗费，赔偿义务人也应当予以赔偿。受害人死亡的，赔偿义务人除应当根据抢救治疗情况赔偿本条第1款规定的相关费用外，还应当赔偿丧葬费、被扶养人生活费、死亡补偿费以及受害人亲属办理丧葬事宜支出的交通费、住宿费和误工损失等其他合理费用。"

8. 新车质量出问题，卖家、厂家谁担责？

【典型案例】

2009年3月19日，玉海县常青镇姚家村的农民姚葛到玉海县城某商贸公司以63600元的价格买了一辆小排量的载货汽车，该商贸公司承诺帮助姚葛办理车辆落户手续,因此没有即时开具购车发票。可姚葛只过了7天的车瘾,就出事了。3月26日,姚葛驾驶着这辆新车行驶在国道293线时发生交通事故,车辆侧翻,致车辆受损。后经机动车安全检测司法鉴定所鉴定,结论为"制动系统肇事前不合格,该车左前、右后制动器间隙过大,右后制动器有油污,致使制动效能不良"。姚葛当即找到卖车的商贸公司要求退车赔钱。可商贸公司说什么也不愿退车,更不愿赔钱。没办法,姚葛找到了当地的消费者协会。4月27日,经玉海县消费者协会主持调解,姚葛与销售商玉海某商贸有限公司达成和解并签订了和解协议,约定姚葛将该农用车退还给某商贸有限公司,某商贸有限公司退还姚葛支付的购车款63600元,并承担看车费300元,吊车施救费1000元,鉴定费1000元,车辆停运损失费15000元,并承诺在1个月内付清上述款项。

可到期后,某商贸有限公司却以签订和解协议时受到威胁,该和解协议不是其真实意愿,该协议内容无效为由拒不履行义务。看到和解无望,姚葛便向法院起诉,要求车辆销售商和生产商连带赔偿上述各项损失合计80900元,并提交车辆说明书、强保卡、车辆技术鉴定结论、和解协议原件等证据来支持自己的主张。

庭审中,玉海某商贸有限公司辩称,公司不是这辆农用车的销售商,公司只是出租了销售场地及办公用房给生产商江苏某集团,具体销售事宜由该集团自行处理,原告姚葛何时购的车自己并不知情。该车发生事故后,公司是在受威胁、迫于压力的情况下才签订和解协议,该协议不能作为赔偿依据,请求法院驳回原告的诉讼请求,并提交公司与江苏某集团签订的直销协议,证明自己不是这辆农用车的销售商。

而生产商江苏某集团辩称,姚葛并未向公司购买该车辆,该车是发给邻县经销商的,买主应是沈某而非姚葛,售价应是53125元而非63600元,销售日期是2月16日而非3月19日。

该车明明是姚葛所购买,该集团为何会出现这样的抗辩呢?原来,早在2月16日,沈某即向玉海某商贸有限公司交付定金5180元,但当时没有得到该汽车,之后该公司于3月19日以63600元的价格将该车卖给了姚葛,但生产商并不知情。生产商还辩称,该集团在玉海县无授权经销商,玉海某商贸有限公司与原告达成的和解协议也与自己无关,自己不应该是被告,而且这车还没有取得牌证,不能投入营运,故不存在停运损失。该车辆技术鉴定结论不科学,申请重新鉴定,请求驳回原告对自己的诉讼请求。

玉海县法院审理后认为,姚葛提交的证据能够证明该受损车辆是从销售商玉海某商贸有限公司购得,该车经鉴定确实存在质量问题。玉海某商贸有限公司提交的直销协议不能证明其不是江苏某集团在玉海的经销商,也没有证据证明其是在受威胁的情况下与姚葛签订的和解协议,但该车没有牌证无法营运确系事实,且原告无相关证据证明产生了停运损失,所以对其诉请赔偿15000元的停运损失不予支持。被告江苏某集团作为车辆生产者,生产了出厂即存在质量问题的车辆并销售给玉海某商贸有限公司,该公司又将该汽车销售给姚葛,双方均有过错,对姚葛的损失双方应负连带责任。据此,法院判令姚葛于10日内将该受损车辆返还给二被告,二被告10日内连带返还姚葛购车款63600元,并赔偿吊车施救费1000元,看车费300元,鉴定费1000元,同时驳回原告姚葛的其他诉讼请求。

【法律评析】

这是一起因为产品质量问题造成损害的赔偿纠纷。当然,产品比较特殊,是汽车。纠纷发生后,消费者可以直接找经营者理论,也可以通过消费者协会的调解来主张自己的合法权益,还可以直接去法院打官司。产品质量损害赔偿纠纷属于特殊的侵权纠纷。在这样的诉讼中,当事人可以告卖家,也可以告生产厂家,或者干脆把卖家和生产厂家一起告了。

【法律依据】

《侵权责任法》第41条:"因产品存在缺陷造成他人损害的,生产者应当承担侵权责任。"

《侵权责任法》第43条:"因产品存在缺陷造成损害的,被侵权人可以向产品的生产者请求赔偿,也可以向产品的销售者请求赔偿。"

第九章　医疗卫生纠纷

1. 新型农村合作医疗，农民是否必须要参加？

【典型案例】

2004年6月，河南省某县人民政府做出指示，要求该县的所有乡村在开展新型农村合作医疗工作时，必须做到每一位村民都参加新型农村合作医疗，任何村民不得拒绝。县级人民政府甚至强调各村村民委员会必须完成任务，并将其提升为政治任务。在某村落实县级人民政府的指示时，该村村民委员会甚至放下手头的工作，出动该村委员会全部成员开展新型农村合作医疗工作。先是挨家挨户地口头动员，遇到不愿参加的村民，轻则派人进入该村民家中软磨硬泡，重则打骂威胁。有的村民委员会成员甚至说："这是关系和谐社会的大事，你不参加，明显就是不希望社会和谐。你们必须参加这项为了你们好的医疗合作，否则，你们家今年的村集体经济分红减半！"最终，该村有的村民仍然坚持自己的意愿不愿参加农村合作医疗，在问其原因时，村民说自己已经买了好多保险，家里的经济情况能够自我保证医疗服务，不需要再交这份钱。

【法律评析】

首先，任何一项国家政策都是在广泛调研的基础上做出的科学的决定。新型农村合作医疗坚持农民自愿参加的原则，绝对不允许强迫农民参加。这是国家在开展新型农村合作医疗试点工作中坚持的原则，既然是原则就该贯彻于该项工作的始终。所以，坚持农民自愿参加是国家开展新型农村合作医疗必须坚持的基本原则，任何组织和个人不得违反。

其次，新型农村合作医疗政策的出发点或者说主要的一个目的就是为了解决农民因看大病支付不起费用而造成的因病致贫、因病返贫问题。也就是说，对于生了大病无法靠自己经济实力解决的农民，国家鼓励其参加新型农村合作医疗，以避免此类农民因生大病而致贫或再次返贫。

最后，国家的该项政策不是"一刀切"，而是具体问题具体分析，做出了农民自愿参加的规定，并且强调严禁硬性规定农民参加合作医疗的指标、向乡村干部搞任务包干摊派、强迫乡（镇）卫生院和乡村医生代缴以及强迫农民贷款缴纳经费等简单粗暴、强迫命令的错误做法。

具体到本案中，该县政府硬性规定县下所有乡村的村民必须全部参加新型农村合作医疗的做法是错误的，也是违反国家政策的。国家政策严格指明不得硬性规定农民参加合作医疗的指标，而该县竟然规定所有的农民都要参加，完全不顾具体的情况,属于盲目领会国家政策精神的做法。另外,有的村子中村民委员会的一些做法也是错误的。《村民委员会组织法》第2条规定:"村民委员会是村民自我管理、自我教育、自我服务的基层群众性自治组织,实行民主选举、民主决策、民主管理、民主监督。"村民委员会不是县级人民政府的下属行政部门,而是农村基层村民自治的群众组织。《村民委员会组织法》第5条规定:"乡、民族乡、镇的人民政府对村民委员会的工作给予指导、支持和帮助,但是不得干预依法属于村民自治范围内的事项。村民委员会协助乡、民族乡、镇的人民政府开展工作。"村民委员会不能任意接受县级人民政府的行政命令,但是可以协助上级人民政府进行一系列工作。本案例中村民委员会在工作中以集体经济分红来威胁村民参加农村合作医疗的行为是错误的,违反了《村民委员会组织法》的相关规定和国家政策。

【法律依据】

国务院办公厅转发卫生部等部门《关于进一步做好新型农村合作医疗试点工作指导意见的通知》第3条:"必须坚持农民自愿参加的原则。开展新型农村合作医疗试点,一定要坚持农民自愿参加的原则,严禁硬性规定农民参加合作医疗的指标、向乡村干部搞任务包干摊派、强迫乡(镇)卫生院和乡村医生代缴以及强迫农民贷款缴纳经费等简单粗暴、强迫命令的错误做法。各地区要加强督查,发现这些问题,必须及时严肃查处,坚决予以纠正。"

2. 已被吊销执业证书的医务人员可以回到家乡开村卫生所吗?

【典型案例】

李某,原本是陕西省西安市某大型医院的医生。2006年,李某在一起手术中,因自己的原因严重违反法律、法规的规定,造成了重大医疗事故。该市卫生行政部门于2006年10月吊销了李某的执业证书。李某觉得无法在城市工作下去了,于是回家到村子里去开诊所。李某回到了其河南省平顶山市某村的老家。村子里的人根本不知道其已被吊销执业证书,李某也未告知任何人被吊销执照一事。李某于2006年12月在村子里开了一个卫生所,且未经任何部门审查、批准。李某的卫生所就这样在村中经营了2年,直到2008年,李某因为输液时未给病人及时换吊瓶,最后导致该病人身体内进入气泡,成了植物人。上级卫生行政部门在调查时发现,李某的村卫生所根本没有登记在列,属于违法设立的村卫生所。

【法律评析】

根据法律规定,医疗机构执业必须进行登记,并且要领取《医疗机构执业许可证》。什么是医疗机构或者说医疗机构包括哪些呢?医疗机构是不是就是指城市的医院,而农村的村卫生所或村卫生室就不是医疗机构,就可以在执业时不需要登记呢?所谓医疗机构,是指依照《医疗机构管理条例》的规定,依法取得《医疗机构执业许可证》的机构。《医疗机构管理条例实施细则》中规定了医疗机构的类别,其中村卫生室(所)应属于医疗机构的范围。由此可见,村卫生所或者村卫生室是属于医疗机构的。这里需要提醒广大农民注意,不要轻易相信来村里开办诊所的医生或其他人员,要留意一下该村卫生所或卫生室的资格问题。根据《医疗机构管理条例实施细则》的相关规定,在有些情况下,是不可以申请设置医疗机构的。其中的情形之一就是,因违反有关法律、法规和规章,已被吊销执业证书的医务人员。也就是说,被吊销执业证书的医务人员是无法独立申请设置医疗机构的。原因很简单,既然都已经被吊销执业证书,说明该医务人员无法再胜任这一救死扶伤的神圣职务。

　　具体到本案中,李某没有申请执业登记,这肯定是违反法律规定的。因为,村卫生所或卫生室属于医疗机构,而医疗机构执业必须要进行登记。所以,李某在该村设立村卫生所必须到批准其设置的人民政府卫生行政部门办理登记,而不能随便找个场所就营业,这完全是一种不负责任的做法。更进一步讲,李某根本没有资格申请设置医疗机构。李某在陕西省西安市某大型医院当医生时,在一起手术中因自己的原因严重违反了法律、法规的规定,造成了重大医疗事故。该市卫生行政部门已于2006年10月份吊销了李某的执业证书。李某已经成了无执业证书的人员,其医务人员资格已被依法剥夺。根据相关法律规定,违反有关法律、法规和规章,已被吊销执业证书的医务人员不得申请设置医疗机构,亦即李某不得申请设立村卫生所。

【法律依据】

《医疗机构管理条例》第15条:"医疗机构执业,必须进行登记,领取《医疗机构执业许可证》。"

《医疗机构管理条例》第16条:"申请医疗机构执业登记,应当具备下列条件:(一)有设置医疗机构批准书;(二)符合医疗机构的基本标准;(三)有适合的名称、组织机构和场所;(四)有与其开展的业务相适应的经费、设施、设备和专业卫生技术人员;(五)有相应的规章制度;(六)能够独立承担民事责任。"

《医疗机构管理条例》第17条:"医疗机构的执业登记,由批准其设置的人民政府卫生行政部门办理。"

《医疗机构管理条例实施细则》第3条:"医疗机构的类别:综合医院、中医医院、中西医结合医院、民族医医院、专科医院、康复医院;妇幼保健院;中心卫生院、乡(镇)卫生院、街道卫生院;疗养院;综合门诊部、专科门诊部、中医门诊部、中西医结合门诊部、民族医门诊部;诊所、中医诊所、民族医诊所、卫生所、医务室、卫生保健所、卫生站;村卫生室(所);急救中心、急救站;临床检验中心;专科疾病防治院、专科疾病防治所、专科疾病防治站;护理院、护理站;其他诊疗机构。"

《医疗机构管理条例实施细则》第4条:"卫生防疫、国境卫生检疫、医学科研和教学等机构在本机构业务范围之外开展诊疗活动以及美容服务机构开展医疗美容业务的,也必须依照有关法律的规定,申请设置相应类别的医疗机构。"

《医疗机构管理条例实施细则》第12条:"有下列情形之一的,不得申请设置医疗机构:(一)不能独立承担民事责任的单位;(二)正在服刑或者不具有完全民事行为能力的个人;(三)医疗机构在职、因病退职或者停薪留职的医务人员;(四)发生2级以上医疗事故未满5年的医务人员;(五)因违反有关法律、法规和规章,已被吊销执业证书的医务人员;(六)被吊销《医疗机构执业许可证》的医疗机构法定代表人或者主要负责人;(七)省、自治区、直辖市政府卫生行政部门规定的其他情形。有前款第(二)、(三)、(四)、(五)、(六)项所列情形之一者,不得充任医疗机构的法定代表人或者主要负责人。"

3.乡村医生超出自己的执业范围私自买卖药品营利可以吗?

【典型案例】

张某为陕西省某县某村村卫生所聘用的一般医疗人员。根据该村卫生所的规章和聘用合同,张某主要负责群众的健康预防、保健和一般医疗服务。但是,张某认为这样工资太低,根本不足以满足自己和家庭的生活需要。于是,张某私自从该县一家医药药品零售公司买进了一批所谓的健康营养粉,每盒10元。张某在一段时间内,对任何来看病的村民都极力推销这种产品,并且以每盒20元的价格卖给村民。无论是什么病人,无论病人得了什么病,张某都会在开的药方上加上这种营养粉。有的病人在看病时对张某说:"这种健康营养粉对我有什么用?我不想要!"张某说:"这是提高你身体免疫力的,无论你得了什么病,其实都是因为你身体免疫力下降造成的。你如果单吃治病的药,你的病好得肯定慢!你在吃药的同时,搭配这种健康营养粉,病肯定好得很快!"后来,这种健康营养粉被县工商局和县卫生局查处,因为该健康营养粉根本不是什么保健品,而是由劣质的人造奶粉添加了很少比例的维生素配置而成。村民在得知县工商局和县卫生局查处健康营养粉后,找到了张某,要求其返还购买的健康营养粉钱,张某拒不返还。村民将这一情况反映给了县卫生局,要求县卫生局对张某做出一定的处罚并赔偿自己的损失。

【法律评析】

我国对乡村医生实行的是执业注册制度。乡村医生的权利和义务都是法定的,《乡村医生从业管理条例》的第23条规定了乡村医生的权利,大体包括进行一般医学处置,出具相应的医学证明;参与医学经验交流,参加专业学术团体;参加业务培训和教育;在执业活动中,人格尊严、人身安全不受侵犯;获取报酬;对当地的预防、保健、医疗工作和卫生行政主管部门的工作提出意见和建议。而《乡村医生从业管理条例》第24至第27条则规定了乡村医生的义务,主要包括:遵守法律、法规、规章和诊疗护理技术规范、常规;树立敬业精神,遵守职业道德,履行乡村医生职责,为村民健康服务;关心、爱护、尊重患者,保护患者的隐私;努力钻研业务,更新知识,提高专业技术水平;向村民宣传卫生保健知识,对患者进行健康教育等等。乡村医生一定要树立敬业精神、遵守执业道德、履行乡村医生职责,不得任意超出自己的执业范围而接受执业范围以外的医疗手术或者经营其他基本药物之外的药品、保健品。

本案中,张某仅仅是该村村卫生所聘用的一般医疗人员,主要负责群众的健康预防、保健和一般医疗服务。根据该村卫生所的规章和岗位要求,张某应当遵守自己的职业道德、认真履行自己的职责,为该村村民的健康服务,不得任意超过自己的执业范围进行执业或者营业。根据法律的规定,张某不能任意搭售自己购进的营养粉作为药物,其用药应当在乡村医生基本用药目录规定的范围内。但是,张某却利用自己在村卫生所工作的便利条件,强行搭售自己购进的健康营养粉,并且是低价购进高价卖出,其行为不仅违背了自己的职业道德,而且违反了法律的相关规定,应当受到法律的惩罚。县级人民政府卫生行政主管部门可以责令张某限期改正,给予警告;如果张某逾期不改正,县卫生局可以责令张某暂停3个月以上6个月以下执业活动;情节严重的,由原发证部门暂扣其乡村医生执业证书。

【法律依据】

《乡村医生从业管理条例》第29条规定:"省、自治区、直辖市人民政府卫生行政主管部门应当按照乡村医生一般医疗服务范围,制定乡村医生基本用药目录。乡村医生应当在乡村医生基本用药目录规定的范围内用药。"

《乡村医生从业管理条例》第38条:"乡村医生在执业活动中,违反本条例规定,有下列行为之一的,由县级人民政府卫生行政主管部门责令限期改正,给予警告;逾期不改正的,责令暂停3个月以上6个月以下执业活动;情节严重的,由原发证部门暂扣乡村医生执业证书:(一)执业活动超出规定的执业范围,或者未按照规定进行转诊的;(二)违反规定使用乡村医生基本用药目录以外的处方药品的;(三)违反规定出具医学证明,或者伪造卫生统计资料的;(四)发现传染病疫情、中毒事件不按规定报告的。"

4.经鉴定,如果不属于医疗事故,医院是否可以不承担责任?

【典型案例】

2007年6月5日上午,村民姜某入住县医院待产,经该医院值班医生检查,姜某身体正常。下午3点左右,姜某胎膜破裂,即将分娩。医院经过诊断建议剖宫手术分娩,姜某及其家人同意。于是,双方签订了《手术协议书》,同意用剖腹产手术分娩婴儿,医方对其他诸如手术的必要性、手术中的可能意外及可能发生的并发症做了说明。但是,主治医师在手术时,决定改用胎吸助产。下午5点30分左右,姜某生下一男婴。但是男婴诞生后,呼吸微弱,生命迹象衰微。主治医师等立即组织紧急抢救。因治疗无效,婴儿于晚上7点40分左右死亡。事后,姜某及其丈夫向市医疗事故技术鉴定委员会申请鉴定,该鉴定委员会做出不属于医疗事故的鉴定。姜某及其丈夫不服,又向省医疗事故技术鉴定委员会申请鉴定,该委员会仍做出不属于医疗事故的认定。姜某及其丈夫与医院协商赔偿事宜,医院根本不承认自己有任何过失或错误,于是姜某诉诸法院,要求该医院赔偿其经济损失和精神损失共计10万元。

【法律评析】

处理本案例,首先要明确该医院与患者之间形成了什么关系。对于医院和患者之间的纠纷,一般而言就是合同纠纷和侵权纠纷。医院在对患者进行医疗服务时,一般会形成合同关系。如果医院及其医务人员违反法律的规定,过失给患者造成了人身伤害的话,就构成了侵权关系。患者可以根据具体的情况,选择有利于自己的救济途径,以合同纠纷为名或者以侵权纠纷为名来处理纠纷。

本案中,发生在姜某身上的事件被市医疗事故技术鉴定委员会和省医疗事故技术鉴定委员会鉴定为不属于医疗事故,因此姜某以医疗事故之名提起侵权之诉时肯定会不利于自己的权利主张。姜某完全可以放弃追究医院的侵权责任,而以医院违反医疗服务合同为由追究其违约责任。因为姜某住进该院时,姜某与医院签订了《手术协议书》,约定采用剖腹产手术分娩婴儿,但是医院在未告知姜某及其家人的情况下擅自改变了手术方式,明显违反了合同约定,姜某当然可以追究医院的违约责任,该主张符合法律的相关规定,法院应当予以支持。

【法律依据】

《医疗事故处理条例》第2条:"本条例所称医疗事故,是指医疗机构及其医务人员在医疗活动中,违反医疗卫生管理法律、行政法规、部门规章和诊疗护理规范、常规,过失造成患者人身损害的事故。"

最高人民法院《关于参照〈医疗事故处理条例〉审理医疗纠纷民事案件的通知》:"一、条例施行后发生的医疗事故引起的医疗赔偿纠纷,诉到法院的,参照条例的有关规定办理;因医疗事故以外的原因引起的其他医疗赔偿纠纷,适用民法通则的规定。"

5.患者可以复印或复制病历、化验单等记录及其他病历资料吗?

【典型案例】

某村村民李某去县人民医院看病,后经医院检查,李某患有胆结石,需要做手术治疗。于是双方签订了《手术同意书》等一系列医疗服务协议。该医院在给李某做手术时,由于使用了不合格的消毒器械,导致李某手术部位严重感染。事后经过专家组鉴定属于医疗事故,于是李某要求医院承担赔偿责任。该医院拒绝承担自己的责任,李某将该医院告上法庭。在李某向医院要求复印病历、化验单、手术同意书等病历资料时,遭到该医院拒绝,并被告知医院没有这些病历资料。实际上,该医院拥有这些病历资料,但拒绝了李某的要求。

【法律评析】

医疗机构有没有义务书写并保管病历资料,在患者要求下有没有义务提供病历资料是本案的关键问题。这种义务如果是法定的,医疗机构是不能拒绝的,一旦拒绝了自己的法定义务,就会承担相应的法律责任。根据法律的规定,医疗机构应当按照国务院卫生行政部门的要求,认真书写和妥善保管各种病历资料。即使因抢救危急患者未能够及时书写病历,有关医务人员也应当在抢救结束后6小时内据实补充记录,并加以注明。也就是说,法律对医疗机构及其医务人员强加了书写并保管病历资料的义务,医疗机构及其医务人员必须履行这一义务。并且,法律严禁任何机构和人员涂改、伪造、隐匿、销毁或者抢夺病历资料。与法律赋予医疗机构及其医务人员的义务相对应,法律也赋予了患者一定的权利,即患者有权复印或者复制病历资料。当患者提出复印或者复制病历资料时,医疗机构应当认真提供复印或者复制服务并且在病历资料上加盖证明印记。复印或者复制病历资料时,应当有患者在场。医疗机构可以按照规定收取一定的工本费。由此可见,法律在赋予患者复印或者复制病历资料权利的同时,对医疗机构及其义务人员课加了相应的义务。如果医疗机构没有正当理由,拒绝为患者提供复印或者复制病历资料服务,医疗机构及其医务主管人员应当承担相应的责任。

本案中,村民李某去县人民医院看病,因医院在给李某做手术时使用了不合格的消毒器械导致其手术部位严重感染,经过鉴定构成医疗事故。患者李某提出复印、复制医疗病历时,该医院应当按照法律的规定为李某提供复印或者复制医疗病历资料的服务,并且加盖证明印记。而该院拒绝李某的要求的做法则是明显错误的,也违反了法律的规定。应患者复制或者复印病历资料的要求而提供复制、复印病历资料的服务是医疗机构的法定义务,医疗机构不得拒绝。卫生行政部门应当责令该医院改正,情节严重的,卫生行政部门应当按相关规定对负有责任的主管人员和其他直接责任人员依法给予行政处分或者纪律处分。

【法律依据】

《医疗事故处理条例》第8条:"医疗机构应当按照国务院卫生行政部门规定的要求,书写并妥善保管病历资料。因抢救急危患者,未能及时书写病历的,有关医务人员也应当在抢救结束后6小时内据实补记,并加以注明。"

《医疗事故处理条例》第9条:"严禁涂改、伪造、隐匿、销毁或者抢夺病历资料。"

《医疗事故处理条例》第10条:"患者有权复印或者复制其门诊病历、住院志、体温单、医嘱单、化验单(检验报告)、医学影像检查资料、特殊检查同意书、手术同意书、手术及麻醉记录单、病理资料、护理记录以及国务院卫生行政部门规定的其他病历资料。患者依照前款规定要求复印或者复制病历资料的,医疗机构应当提供复印或者复制服务并在复印或者复制的病历资料上加盖证明印记。复印或者复制病历资料时,应当有患者在场。医疗机构应患者的要求,为其复印或者复制病历资料,可以按照规定收取工本费。具体收费标准由省、自治区、直辖市人民政府价格主管部门会同同级卫生行政部门规定。"

《医疗事故处理条例》第56条:"医疗机构违反本条例的规定,有下列情形之一的,由卫生行政部门责令改正;情节严重的,对负有责任的主管人员和其他直接责任人员依法给予行政处分或者纪律处分:(一)未如实告知患者病情、医疗措施和医疗风险的;(二)没有正当理由,拒绝为患者提供复印或者复制病历资料服务的;(三)未按照国务院卫生行政部门规定的要求书写和妥善保管病历资料的;(四)未在规定时间内补记抢救工作病历内容的;(五)未按照本条例的规定封存、保管和启封病历资料和实物的;(六)未设置医疗服务质量监控部门或者配备专(兼)职人员的;(七)未制定有关医疗事故防范和处理预案的;(八)未在规定时间内向卫生行政部门报告重大医疗过失行为的;(九)未按照本条例的规定向卫生行政部门报告医疗事故的;(十)未按照规定进行尸检和保存、处理尸体的。"

6.患者看病后死亡,家属对死亡原因有异议时,如何处理?

【典型案例】

陕西省某村村民马某因咽喉肿痛到某医院就医,医院医生诊断为扁桃体发炎,于是开处方对其进行青霉素注射。马某注射青霉素后,出现头晕、恶心、呕吐等不良症状,随后呼吸困难,面色苍白。医生全力抢救,但是由于马某症状过于严重,最终抢救无效死亡。医院认为马某身体有其他疾病,马某及其家属恶意隐瞒马某的疾病,因而导致其死亡。而陪同马某看病的妻子认为,医院没有给马某做皮试试验,导致马某过敏反应严重,从而导致其死亡。医院和马某家属对死亡原因争议很大。马某家属要求立即对马某进行尸检。但是,医院一方拒不配合,一直拖延尸检。

【法律评析】

面对医院拖延尸检的行为,马某家属应当如何应对?按照法律的规定,患者死亡,医患双方当事人不能确定死因或者对死因有异议的,应当在患者死亡后48小时内进行尸检。法律还规定,如果具备尸体冻存条件的,可以延长至7日,并且尸检应当经死者近亲属同意并签字。关于这里的"近亲属"指哪些人需要予以明确。最高人民法院《关于贯彻执行〈中华人民共和国民法通则〉若干问题的意见(试行)》(以下简称《民通意见》)第12条规定,民法通则中的近亲属包括配偶、父母、子女、兄弟姐妹、祖父母、外祖父母、孙子女、外孙子女。那么由谁负责尸检呢?法律做出了明确规定,尸检应当由按照国家有关规定取得相应资格的机构和病理解剖专业技术人员进行。承担尸检任务的机构和病理解剖专业技术人员有进行尸检的义务。也就是说，尸检并不是任意进行的，而是由取得相应资格的机构和病理解剖专业技术人员进行。那么尸检的参与方有哪些呢？法律规定，医疗事故争议双方当事人可以请法医病理学人员参加尸检，也可以委派代表观察尸检过程。拒绝或者拖延尸检，超过规定时间，影响对死因判定的，由拒绝或者拖延的一方承担责任。由此可见，一旦进行尸检，医患双方可以请法医病理学人员参加，也可以委派自己的代表观察尸检过程。在尸检程序启动后，任何一方不得无故拒绝或拖延。如果因任何一方拒绝或拖延导致对死亡患者的原因判定产生影响的，那么拒绝或拖延一方应当承担责任。实际上，对这一类似的案例的处理程序，法律已做出十分明确的规定。

本案中，首先马某死亡在该医院内，根据法律的规定，在医疗机构内死亡的，尸体应当立即移放太平间，因此马某的尸体应当立即移放太平间。其次，马某死亡在医院内，马某的家属与医院对马某的死亡原因产生了争议，因为马某家属同意尸检，应当在48小时内对马某进行尸检。如果具备冷冻条件，可以在7天内进行尸检。医院和马某家属都可以请法医病理学人员参加尸检，也可以委派代表观察尸检过程。任何一方不得拒绝或者拖延。而该医院却一直拖延，这是明显违反法律规定的。最后，针对该医院的行为，当地卫生行政部门可以责令该医院改正，如果该医院情节严重，可以对负有责任的主管人员和其他直接责任人员依法给予行政处分或者纪律处分。

【法律依据】

《医疗事故处理条例》第18条："患者死亡，医患双方当事人不能确定死因或者对死因有异议的，应当在患者死亡后48小时内进行尸检；具备尸体冻存条件的，可以延长至7日。尸检应当经死者近亲属同意并签字。尸检应当由按照国家有关规定取得相应资格的机构和病理解剖专业技术人员进行。承担尸检任务的机构和病理解剖专业技术人员有进行尸检的义务。医疗事故争议双方当事人可以请法医病理学人员参加尸检，也可以委派代表观察尸检过程。拒绝或者拖延尸检，超过规定时间，影响对死因判定的，由拒绝或者拖延的一方承担责任。"

《医疗事故处理条例》第19条："患者在医疗机构内死亡的，尸体应当立即移放太平间。死者尸体存放时间一般不得超过2周。逾期不处理的尸体，经医疗机构所在地卫生行政部门批准，并报经同级公安部门备案后，由医疗机构按照规定进行处理。"

《医疗事故处理条例》第56条："医疗机构违反本条例的规定，有下列情形之一的，由卫生行政部门责令改正；情节严重的，对负有责任的主管人员和其他直接责任人员依法给予行政处分或者纪律处分：……（十）未按照规定进行尸检和保存、处理尸体的。"

7. 发生医疗纠纷,是否必须有医疗事故鉴定结论才能提起民事诉讼?

【典型案例】

山东省孙某近3年来一直头痛,后去县人民医院检查,发现其颅内有垂体瘤。孙某与医院签订了《手术同意书》后,医院对孙某做了开颅手术,摘除了这一垂体瘤。术后,医生对孙某伤口进行了缝合。过了一段时间后,孙某来医院拆线。医生发现,孙某头部手术处有感染迹象。医生认为这是正常情况,于是给孙某开了消炎药。但是,孙某的情况越来越严重。孙某去市医院检查后,发现自己开颅手术摘除垂体瘤的部位遗留有一较大的卫生棉球,经过一段时间治疗,孙某出院。孙某出院后认为原县医院在对其做开颅手术时,严重不负责任,于是想将县医院告上人民法院,要求县医院赔偿其损失。孙某没有找律师做代理人,自己直接去法院立案。在去法院的途中,孙某产生了疑惑:"我没有申请医疗事故鉴定,没有医疗事故鉴定结论,法院能判我胜诉吗?"于是孙某没有去法院立案,而是向卫生行政部门提出了医疗事故处理争议的申请。

【法律评析】

医疗事故鉴定结论是卫生行政部门对发生医疗事故的医疗机构和医务人员做出行政处理以及进行医疗事故赔偿调解的依据。发生医疗事故争议后,医疗机构应当向卫生行政部门报告,或者由医疗事故争议当事人向卫生行政部门提出要求处理医疗事故争议的申请。卫生行政部门认为需要进行医疗事故鉴定的,应当交由负责医疗事故技术鉴定工作的医学会组织鉴定。医疗事故技术鉴定,由负责组织医疗事故技术鉴定工作的医学会组织专家鉴定组进行。这是确认医疗事故争议的一般程序。那么,如果患者一方不向卫生行政部门提出要求处理医疗事故争议的申请的话,患者就不可以向人民法院起诉了吗?很显然,患者当然有权向法院提起诉讼。患者向卫生行政部门提出要求处理医疗事故争议的申请与患者向人民法院提起诉讼完全是两套路径,而且若同时提起法律做出了优先选择:当事人既向卫生行政部门提出医疗事故争议处理申请,又向人民法院提起诉讼的,卫生行政部门不予受理;卫生行政部门已经受理的,应当终止。也就是说,当事人不用向卫生行政部门提出申请,卫生行政部门也不用审查后交付负责医疗事故技术鉴定工作医学会负责组织鉴定,当事人就可以向法院提起民事诉讼。更进一步说,人民法院对医疗纠纷立案没有特殊的要求,即不需要必须有医疗事故鉴定结论,只要符合《民事诉讼法》第119条的立案条件就可以。

本案中,根据法律的规定,孙某是本案直接利害关系人,有明确的被告,即县人民医院有具体的诉讼请求和事实,也属于法院受理民事诉讼的范围和受诉人民法院管辖。因此,孙某完全可以到人民法院去起诉县人民医院。孙某认为自己未拿到医疗事故鉴定结论而没有去人民法院立案的做法,其实是对法律的误读。医疗事故鉴定书只是法院审查认定事实的证据,医疗事故鉴定结论需经过法庭质证、由法院审查确定是否作为医疗单位承担赔偿责任的依据。所以,医疗事故鉴定结论是认定案件事实的证据,不需要在起诉时就交给法院,它也不是人民法院对医疗纠纷案件立案的依据。

【法律依据】

《医疗事故处理条例》第40条:"当事人既向卫生行政部门提出医疗事故争议处理申请,又向人民法院提起诉讼的,卫生行政部门不予受理;卫生行政部门已经受理的,应当终止处理。"

《医疗事故处理条例》第42条:"卫生行政部门经审核,对符合本条例规定作出的医疗事故技术鉴定结论,应当作为对发生医疗事故的医疗机构和医务人员作出行政处理以及进行医疗事故赔偿调解的依据;经审核,发现医疗事故技术鉴定不符合本条例规定的,应当要求重新鉴定。"

《民事诉讼法》第119条:"起诉必须符合下列条件:(一)原告是与本案有直接利害关系的公民、法人和其他组织;(二)有明确的被告;(三)有具体的诉讼请求和事实、理由;(四)属于人民法院受理民事诉讼的范围和受诉人民法院管辖。"

8. 医疗事故的赔偿项目和标准是什么?

【典型案例】

2006年9月10日,某村村民王某在自家厨房做饭时不小心引起了火灾,由于扑救及时,仅造成王某脸部和前胸灼伤,没有造成更严重的后果。王某被其家属送往县人民医院烧伤科就诊。医生诊断后,认为问题不大,于是对王某伤口做了简单的处理并开了很多口服抗生素药。第二天,王某脸部和胸部的烧伤处出现了水泡。王某赶到医院就诊,值班医生随手从抽屉里取出一个注射器,用针头将出现的水泡挑破,并嘱咐王某按时吃药。第三天,王某脸部和胸部发热,挑破的部位流出黄色恶臭分泌物,王某疼痛难忍。又过了2天,王某左脸部分溃烂、胸部大面积溃烂。不得已,王某被家属送到市人民医院,医生对其进行了碘氟消毒处理,并涂抹了药膏,同时静脉注射氧氟沙星注射液。经过半年的休养治疗,王某脸部伤势好转,但是伤疤明显。其脸部和胸部有重度色素沉淀,王某认为胸部出现色素沉淀还能忍受,但是不能接受脸部出现重度色素沉淀。于是,王某向卫生行政部门申请处理医疗事故争议,卫生行政部门交由负责医疗事故技术鉴定工作的医学会组织鉴定。经过鉴定,认定构成4级医疗事故。王某遂向医院要求赔偿医疗费、半年的误工费、住院伙食补助费、陪护费、交通费等费用10万元以及精神损害抚慰金60万元。县人民医院认为,王某脸部已经好转,只是有伤疤,不会对王某造成心里痛苦,不应赔偿精神损害抚慰金。李某与医院协商未果,于是起诉到人民法院。

涉农典型案例法律评析

【法律评析】

发生医疗事故争议后,医疗机构应当向卫生行政部门报告,或者由医疗事故争议当事人向卫生行政部门提出要求处理医疗事故争议的申请。卫生行政部门认为需要进行医疗事故鉴定的,应当交由负责医疗事故技术鉴定工作的医学会组织鉴定。医疗事故技术鉴定,由负责组织医疗事故技术鉴定工作的医学会组织专家鉴定组进行。专家鉴定组依照医疗卫生管理法律、行政法规、部门规章和诊疗护理规范、常规,运用医学科学原理和专业知识,独立进行医疗事故技术鉴定,对医疗事故进行鉴别和判定,为处理医疗事故争议提供医学依据。专家鉴定组应当在事实清楚、证据确凿的基础上,综合分析患者的病情和个体差异,做出鉴定结论,并制作医疗事故技术鉴定书。当专家鉴定组做出属于医疗事故的鉴定结论后,医疗机构应当承担赔偿责任。如果不属于医疗事故,则医疗机构不承担赔偿责任。

医疗事故赔偿的项目有哪些呢?一般情况下,医疗机构承担的赔偿责任有下列项目:医疗费、误工费、住院伙食补助费、陪护费、残疾生活补助费、残疾用具费、丧葬费、被扶养人生活费、交通费、住宿费、精神损害抚慰金。对于各种项目的计算标准,法律也做了明确规定。医疗费:按照医疗事故对患者造成的人身损害进行治疗所发生的医疗费用计算,凭据支付,但不包括原发病医疗费用。结案后确实需要继续治疗的,按照基本医疗费用支付。误工费:患者有固定收入的,按照本人因误工减少的固定收入计算,对收入高于医疗事故发生地上一年度职工年平均工资3倍以上的,按照3倍计算;无固定收入的,按照医疗事故发生地上一年度职工年平均工资计算。住院伙食补助费:按照医疗事故发生地国家机关一般工作人员的出差伙食补助标准计算。陪护费:患者住院期间需要专人陪护的,按照医疗事故发生地上一年度职工年平均工资计算。残疾生活补助费:根据伤残等级,按照医疗事故发生地居民年平均生活费计算,自定残之月起最长赔偿30年;但是,60周岁以上的,不超过15年;70周岁以上的,不超过5年。残疾用具费:因残疾需要配置补偿功能器具的,凭医疗机构证明,按照普及型器具的费用计算。丧葬费:按照医疗事故发生地规定的丧葬费补助标准计算。被扶养人生活费:以死者生前或者残疾者丧失劳动能力前实际扶养且没有劳动能力的人为限,按照其户籍所在地或者居所地居民最低生活保障标准计算。对不满16周岁的,扶养到16周岁。对年满16周岁但无劳动能力的,扶养20年;但是,60周岁以上的,不超过15年;70周岁以上的,不超过5年。交通费:按照患者实际必需的交通费用计算,凭据支付。住宿费:按照医疗事故发生地国家机关一般工作人员的出差住宿补助标准计算,凭据支付。精神损害抚慰金:按照医疗事故发生地居民年平均生活费计算。造成患者死亡的,赔偿年限最长不超过6年;造成患者残疾的,赔偿年限最长不超过3年。另外,法律还规定参加医疗事故处理的患者近亲属所需交通费、误工费、住宿费,也参照上述规定计算,但计算费用的人数不超过2人。医疗事故赔偿费用,实行一次性结算,由承担医疗事故责任的医疗机构支付。

关于精神损害赔偿的问题,最高人民法院《关于确定民事侵权精神损害赔偿责任若干问题的解释》第9条规定:"精神损害抚慰金包括以下方式:(一)致人残疾的,为残疾赔偿金;(二)致人死亡的,为死亡赔偿金;(三)其他损害情形的精神抚慰金。"第10条规定:"精神损害的赔偿数额根据以下因素确定:(一)侵权人的过错程度,法律另有规定的除外;(二)侵害的手段、场合、行为方式等具体情节;(三)侵权行为所造成的后果;(四)侵权人的获利情况;(五)侵权人承担责任的经济能力;(六)受诉法院所在地平均生活水平。法律、行政法规对残疾赔偿金、死亡赔偿金等有明确规定的,适用法律、行政法规的规定。"

具体到本案中,某村村民王某因火灾造成脸部和前胸灼伤,被其家属送往县人民医院烧伤科就诊。王某脸部和胸部的烧伤处出现水泡后,值班医生随手从抽屉里取出一个注射器,用针头将出现的水泡挑破,最终导致王某左脸部分溃烂和胸部大面积溃烂。这说明医院的医务人员有医疗过失行为。王某被家属送到市人民医院,医生对其进行了碘氟消毒处理,并涂抹了药膏,同时静脉注射氧氟沙星注射液。经过半年的休养治疗,王某脸部好转,但是伤疤明显。后经过鉴定属于4级医疗事故。在赔偿问题上,王某与该县人民医院产生了严重分歧,医院认为医疗费、半年的误工费、住院伙食补助费、陪护费、交通费等10万元的请求可以接受,属于合理的赔偿,但是对王某要求60万元的精神损害抚慰金不予接受,认为王某脸部只是有疤痕,对王某没有造成精神痛苦。

县人民医院不予赔偿精神损害抚慰金的做法是错误的,因为精神损害抚慰金已经被法律纳入到了赔偿范围当中,属于法定的赔偿项目。并且,王某脸部确实遭受到了损害,其面容除非做手术,否则无法恢复到以前,王某的心理遭受痛苦是毋庸置疑的,医院应当赔偿其精神损害抚慰金。受害人或者死者近亲属遭受精神损害,赔偿权利人向人民法院请求赔偿精神损害抚慰金的,适用最高人民法院《关于确定民事侵权精神损害赔偿责任若干问题的解释》予以确定。精神损害赔偿的数额可以根据以下因素确定:侵权人的过错程度,法律另有规定的除外;侵害的手段、场合、行为方式等具体情节;侵权行为所造成的后果;侵权人的获利情况;侵权人承担责任的经济能力;受诉法院所在地平均生活水平。

【法律依据】

《医疗事故处理条例》第49条:"医疗事故赔偿,应当考虑下列因素,确定具体赔偿数额:(一)医疗事故等级;(二)医疗过失行为在医疗事故损害后果中的责任程度;(三)医疗事故损害后果与患者原有疾病状况之间的关系。不属于医疗事故的,医疗机构不承担赔偿责任。"

《医疗事故处理条例》第50条:"医疗事故赔偿,按照下列项目和标准计算:

(一)医疗费:按照医疗事故对患者造成的人身损害进行治疗所发生的医疗费用计算,凭据支付,但不包括原发病医疗费用。结案后确实需要继续治疗的,按照基本医疗费用支付。(二)误工费:患者有固定收入的,按照本人因误工减少的固定收入计算,对收入高于医疗事故发生地上一年度职工年平均工资3倍以上的,按照3倍计算;无固定收入的,按照医疗事故发生地上一年度职工年平均工资计算。(三)住院伙食补助费:按照医疗事故发生地国家机关一般工作人员的出差伙食补助标准计算。(四)陪护费:患者住院期间需要专人陪护的,按照医疗事故发生地上一年度职工年平均工资计算。(五)残疾生活补助费:根据伤残等级,按照医疗事故发生地居民年平均生活费计算,自定残之月起最长赔偿30年;但是,60周岁以上的,不超过15年;70周岁以上的,不超过5年。(六)残疾用具费:因残疾需要配置补偿功能器具的,凭医疗机构证明,按照普及型器具的费用计算。(七)丧葬费:按照医疗事故发生地规定的丧葬费补助标准计算。(八)被扶养人生活费:以死者生前或者残疾者丧失劳动能力前实际扶养且没有劳动能力的人为限,按照其户籍所在地或者居所地居民最低生活保障标准计算。对不满16周岁的,扶养到16周岁。对年满16周岁但无劳动能力的,扶养20年;但是,60周岁以上的,不超过15年;70周岁以上的,不超过5年。(九)交通费:按照患者实际必需的交通费用计算,凭据支付。(十)住宿费:按照医疗事故发生地国家机关一般工作人员的出差住宿补助标准计算,凭据支付。(十一)精神损害抚慰金:按照医疗事故发生地居民年平均生活费计算。造成患者死亡的,赔偿年限最长不超过6年;造成患者残疾的,赔偿年限最长不超过3年。"

《医疗事故处理条例》第51条:"参加医疗事故处理的患者近亲属所需交通费、误工费、住宿费,参照本条例第50条的有关规定计算,计算费用的人数不超过2人。医疗事故造成患者死亡的,参加丧葬活动的患者的配偶和直系亲属所需交通费、误工费、住宿费,参照本条例第50条的有关规定计算,计算费用的人数不超过2人。"

《医疗事故处理条例》第52条:"医疗事故赔偿费用,实行一次性结算,由承担医疗事故责任的医疗机构支付。"

9.发生医疗事故争议后,患者纠集家属数人医闹行为构成犯罪吗?

【典型案例】

村民郑某因腹部疼痛,在妻子李某的陪同下去往县人民医院就诊,经过检查,发现郑某腹部长有一个拳头大小的肿瘤。后经化验,属于良性肿瘤,但不排除后期癌变的可能。在双方签订《手术同意书》之后,医院为郑某做了肿瘤摘除手术。但是,术后郑某就呼吸困难,身体出现排异反应,后经抢救无效死亡。事后查明,郑某在手术时因为大出血需要进行输血,护士没有认真核对郑某的血型,拿错了血袋,导致郑某排异反应严重最终死去。郑某的妻子被告知郑某死去的消息时,悲痛万分。在得知是由于医院输血错误导致郑某死亡时,李某顿时在医院大吵大闹。医院安保人员不得不对其进行安慰并且制止,在拉扯时由于李某挣扎反抗不慎扭伤。李某于是打电话给郑某的大哥,说:"郑某被医院弄死了,医院还打伤了我!你们赶紧来人,多叫些人来!"过了1个小时后,医院门口来了几辆车,下来了有2~3人(事后查明)。在李某和郑某大哥的指挥下,他们把郑某的尸体抢下来放到门口,要求医院赔礼道歉,赔偿损失100万,并要求做手术的医生出来跪在郑某尸体旁。医院没有及时回应。李某和郑某的大哥带领部分人冲进医院内,不让医生们继续看病,非要医院交出给郑某做手术的医生和护士。医院为了给其他病人继续看病,最终还是让手术大夫和护士出面。但是李某和郑某的大哥把手术大夫和护士拖出来并强迫其跪在郑某的尸体前,这严重扰乱了该医院的正常医疗秩序,医院院长在与李某、郑某大哥沟通无效的情况下,报了警。

【法律评析】

如果患者一方认为构成医疗事故需要鉴定的话,可以向卫生行政部门提出处理医疗事故争议的申请。卫生行政部门认为需要进行医疗事故技术鉴定的,应当交由负责医疗事故技术鉴定工作的医学会组织鉴定;医患双方协商解决医疗事故争议需要进行医疗事故技术鉴定的,双方当事人共同委托负责医疗事故技术鉴定工作的医学会组织鉴定。如果患者一方不想做医疗事故鉴定而直接要求医疗机构赔偿的,医患双方可以直接协商解决;不愿意协商或者协商不成的,当事人可以向卫生行政部门提出调解申请,也可以直接向人民法院提起民事诉讼。但是,法律绝对不允许患者一方聚集众多人员到医疗机构去闹、去威胁、去实施暴力。法律给出了上述解决方式和程序,就是希望将医疗纠纷纳入到合理的解决轨道中来,避免自力救济带来的复仇行为。如果患者聚众扰乱医疗秩序,造成严重损失的,可能会触犯刑法,构成聚众扰乱社会秩序罪。

根据《刑法》的规定,所谓聚众扰乱社会秩序罪,是指聚众扰乱社会秩序,情节严重,导致工作、生产、营业和教学、科研无法进行,造成严重损失的行为。首先,本罪侵犯的客体是社会秩序。这里所说的社会秩序是指特定范围内的社会秩序,具体是指国家机关与人民团体的工作秩序,企业单位的生产与营业秩序,事业单位的教学与科研秩序。其次,本罪的客观方面表现为以聚众的方式扰乱企事业单位、社会团体的正常活动,致使其工作、生产、营业和教学、科研无法进行,造成严重损失。所谓的"聚众"是指由首要分子纠集3人以上去实施犯罪,如果单独一人就构不成此罪。行为人扰乱社会秩序的手段多种多样,如封锁大门、通道,阻止工作人员进入;在企事业单位、社会团体门前、院内大肆喧嚣吵闹;围攻、辱骂、拖拉工作人员;毁坏财物、设备;强占工作、营业、生产等场所;强行切断电源、水源等等。如果行为人在聚众扰乱社会秩序的行为中,殴打工作人员构成轻伤、重伤,毁损公私财物构成犯罪的,则应当予以数罪并罚。再次,本罪的主体是首要分子和积极参加者。一定要注意,本罪的主体是首要分子和积极参加者,而不是参加扰乱社会秩序的所有人员。所谓首要分子,即在扰乱社会秩序犯罪中起组织、策划、指挥作用的犯罪分子。所谓其他积极参加者,是指除首要分子以外的在犯罪活动中起主要作用的犯罪分子。对于一般参加者,只能以《治安管理处罚法》的相关规定追究其责任,不能成为聚众扰乱社会秩序罪的主体。最后,本罪的主观方面是故意。行为人无论是出于怎样的动机,如发泄不满或实现自己的目的等,都不影响其构成犯罪,只要其主观上故意造成社会秩序的混乱,就满足了该罪的主观要件。

具体到本案,医院为郑某做了肿瘤摘除手术,但是术后郑某因排异反应最终经抢救无效死亡。作为患者家属的李某应当按照法律的规定,向卫生行政部门提出处理医疗事故的申请,等待医疗事故鉴定结论做出后向医院索赔;或者直接与医院协商民事赔偿或要求卫生行政部门介入进行调解;或者直接向人民法院提起民事诉讼。但是李某却大闹医院,并打电话叫来2~3名社会人员到医院打砸、吵闹,完全不是在法律的范围内解决问题。李某作为此次聚众闹事的首要分子,应当对其以《刑法》第290条聚众扰乱社会秩序罪定罪处罚,即处3年以上7年以下有期徒刑;对郑某的大哥和其余几个积极参加者也要按照聚众扰乱社会秩序罪定罪处罚,即3年以下有期徒刑、拘役、管制或者剥夺政治权利。对于其他的参加者,应当按照《治安管理处罚法》进行处罚。

【法律依据】

《医疗事故处理条例》第13条:"医务人员在医疗活动中发生或者发现医疗事故、可能引起医疗事故的医疗过失行为或者发生医疗事故争议的,应当立即向所在科室负责人报告,科室负责人应当及时向本医疗机构负责医疗服务质量监控的部门或者专(兼)职人员报告;负责医疗服务质量监控的部门或者专(兼)职人员接到报告后,应当立即进行调查、核实,将有关情况如实向本医疗机构的负责人报告,并向患者通报、解释。"

《医疗事故处理条例》第20条:"卫生行政部门接到医疗机构关于重大医疗过失行为的报告或者医疗事故争议当事人要求处理医疗事故争议的申请后,对需要进行医疗事故技术鉴定的,应当交由负责医疗事故技术鉴定工作的医学会组织鉴定;医患双方协商解决医疗事故争议,需要进行医疗事故技术鉴定的,由双方当事人共同委托负责医疗事故技术鉴定工作的医学会组织鉴定。"

《医疗事故处理条例》第46条:"发生医疗事故的赔偿等民事责任争议,医患双方可以协商解决;不愿意协商或者协商不成的,当事人可以向卫生行政部门提出调解申请,也可以直接向人民法院提起民事诉讼。"

《医疗事故处理条例》第59条:"以医疗事故为由,寻衅滋事、抢夺病历资料,扰乱医疗机构正常医疗秩序和医疗事故技术鉴定工作,依照刑法关于扰乱社会秩序罪的规定,依法追究刑事责任;尚不够刑事处罚的,依法给予治安管理处罚。"

《侵权责任法》第64条:"医疗机构及其医务人员的合法权益受法律保护。干扰医疗秩序,妨害医务人员工作、生活的,应当依法承担法律责任。"

《刑法》第290条:"聚众扰乱社会秩序,情节严重,致使工作、生产、营业和教学、科研无法进行,造成严重损失的,对首要分子,处3年以上7年以下有期徒刑;对其他积极参加的,处3年以下有期徒刑、拘役、管制或者剥夺政治权利。"

第十章　常见涉农犯罪案件

1. 花钱买"媳妇"构成何罪？

【典型案例】

被告人李某，男，某村农民。2008年12月16日被逮捕。被告人李某相貌丑陋，家境贫穷，加上本人好吃懒做，一直未找到对象。2007年11月，被告人李某以人民币68000元的价格从人贩子处将被拐骗的四川籍女青年张某买回，准备将其作为妻子一起生活。之后，李某强行与张某发生性关系，后多次与张某发生性关系。案发后，李某认罪态度较好。被告人李某花钱买媳妇的行为已构成罪犯。

【法律评析】

本案涉及收买被拐卖的妇女罪、强奸罪。收买被拐卖的妇女罪是指以建立婚姻家庭或其他相对稳定的社会关系为目的，明知是被拐卖的妇女而予以收买的行为。强奸罪是指违背妇女意志，使用暴力、胁迫或者其他手段，强行与妇女发生性关系的行为。根据《刑法》的规定，收买被拐卖妇女、儿童的，处3年以下有期徒刑、拘役或者管制；收买被拐卖妇女，强行与其发生性关系的，依照强奸罪定罪处罚；收买被拐卖妇女、儿童，并有前述法律规定的犯罪行为的，依照法律数罪并罚。

本案中，被告人李某以68000元的价格从人贩子处买回被拐骗的四川籍女青年张某，并强行与张某发生性关系。被告人李某的行为已触犯了《刑法》，构成了收买被拐卖妇女罪和强奸罪，依法应数罪并罚。故该县人民法院根据李某的犯罪事实和认罪态度，依照法律规定，对其实行数罪并罚，决定执行有期徒刑3年。

另外，收买被拐卖的妇女、儿童，按照被拐卖妇女的意愿，不阻碍其返回原居住地的，对被买儿童没有虐待行为，不阻碍对其进行解救的，可以不追究刑事责任。

【法律依据】

《刑法》第236条："以暴力、胁迫或者其他手段强奸妇女的，处3年以上10年以下有期徒刑。"

《刑法》第241条："收买被拐卖的妇女、儿童的，处3年以下有期徒刑、拘役或者管制。收买被拐卖的妇女，强行与其发生性关系的，依照本法第236条的规定定罪处罚。"

2. 私分村委公款构成何罪？

【典型案例】

2004年10月，某村民委员会副主任兼出纳赵某伙同村委会委员兼妇女主任沈某,将村财物旧铅线、废铁出售,得款3万元,并与村民委员会主任朱某商量,以买个人保险福利为由进行私分。经朱某同意,赵某、沈某分别得款1.2万元,其余6000元归朱某个人所得。为了隐瞒这一事实,赵某未将该笔收入入账,只是空开了一张购买春节年货的凭证作为该款用途。

【法律评析】

第一,从主观方面看,私分集体财产构成职务侵占罪的,决策者与直接责任人员必须具有非法占有集体财产目的,即通过集体财产私分达到个人侵占的目的。私分集体财产,有时表现为在单位或部门内将一定款项分给一定范围内的人员,但这只是决策人为了掩盖个人侵占集体财产真相而采取的手段而已。司法实践中,认定行为人是否以个人非法占有为目的,要从以下几方面进行综合分析:(1)看决策者和参与者是谁。对于少数人决策、少数人私分的,应由决策者和直接责任人承担责任;(2)看私分人员的范围。对于在决策范围内私分的,应认为该范围内的人员具有非法侵占目的;(3)看决策者个人私分所得额。对于在几个决策者之间私分的,不论个人所得额差额大小,均可以认定为是以个人非法占有为目的。就本案而言,该三人通过共同决策,以买个人保险福利为由,将集体财产出卖后占为己有,无疑具有非法占有本单位财物的目的。

第二,从客体方面看,私分集体财产的侵占行为,具有侵犯财经管理制度和集体财产所有权的双重性。私分集体财产的行为特征是违反财经管理制度,但私分手段可以多种多样:有的是收入不入账,有的是虚增支出,有的是伪造、涂改账据,有的是私设小金库,等等。这些行为虽属违反财经管理制度的行为,但不能因此把违反财经管理制度与行为的违法性割裂开,这类行为实质上侵犯了集体财产所有权。本案三人采取收入不入账、空开支出凭据的方法将村集体财产占为己有,应认定为职务侵占。

第三,从客观方面看,私分集体财产的决策人往往都是单位、部门的负责人,而其他直接责任人员(如会计、出纳)也都是利用职务便利而参与共同策划。无论决策形式如何,他们均属利用主管、经手、管理集体财产的职务之便进行侵占。本案三人分别是村民委员会主任、副主任、妇女主任,他们利用主管、经手、管理集体财产的职务之便,共同决定私分集体财产,完全符合职务侵占罪的客观特征。

综上,本案中赵某、沈某和朱某三人的行为属于共同犯罪,构成职务侵占罪。

【法律依据】

《刑法》第271条:"公司、企业或者其他单位的人员,利用职务上的便利,将本单位财物非法占为己有,数额较大的,处5年以下有期徒刑或者拘役;数额巨大的,处5年以上有期徒刑,可以并处没收财产。"

3. 帮企业"节电"获利应构成何罪？

【典型案例】

李某系某供电公司(国有企业)营销部部长。2003年7月,李某找到某有限责任公司的副经理王某,对其说:"你们厂是用电大户,每月电费太高,我有办法为你们节约30%~50%的电费,但你们要每月付给我1万元。"王某经与股东们商量合议后,答应每月付给李某8000元,其后李某对该公司的高压电表采用抽取B项电路的方法,让电表走慢。至2005年6月案发,李某共为该有限责任公司"节电"773467度,折合电费363529.49元,期间李某从副经理王某处收取好处费136000元。

【法律评析】

对于具有特别身份才能构成的犯罪,我们既不能只按身份定罪而不考虑行为人的主观动机与行为手段,又不能仅拘泥于犯罪手段符合某种普通犯罪的特性而忽视行为人的主体身份,还要从行为人是否利用职务之便与侵犯了谁的财产所有权等方面进行判定。

本案不能仅根据嫌疑人先前行为曾采用了秘密地将高压电表抽取B项电路的方法,而抛开李某所具有的国家工作人员身份和其利用职务之便与最终收取好处费的必然联系,把李某利用职权为企业偷电而后收钱这两个过程截然分开,全然按先前行为的特征定罪。事实上,李某利用职务之便帮企业偷电,进而获取好处,以实现其非法占有的目的,这是一个连续的、完整的、不可分割的行为整体,因此本案是利用职务之便继而进行的犯罪,定盗窃罪的观点不成立。

贪污罪是国家工作人员利用职务上的便利,侵吞、窃取、骗取或者以其他手段非法占有公共财物的非法行为。贪污罪与受贿罪的根本区别在于客体上的不同,贪污罪侵犯的客体是公共财产的所有权与国家工作人员职务的廉洁性。受贿罪侵犯的客体是国家工作人员职务的廉洁性。本案中,李某的行为符合贪污罪的客体要件。所谓公共财产,《刑法》第91条对此做了规定:"本法所称公共财产,是指下列财产:(一)国有财产;(二)劳动群众集体所有的财产;(三)用于扶贫和其他公益事业的社会捐助或者专项基金的财产。在国家机关、国有公司或企业、集体企业和人民团体管理、使用或者运输中的私人财产,以公共财产论。"

本案中的电力是供电公司的公共财产。李某是公司的营销部长,有义务保护该财产。但李某利用职务上的便利条件,与王某等人共同盗窃电力资源,而后从中获得非法利益,符合贪污罪中的以"窃取"手段非法占有公共财物的客观表现。李某从王某处获得136000元,不是王某公司的财产中支付给李某的,而是从偷电所得中分得的赃款,故李某的行为不符合受贿的行为要件和客体要件,不能以受贿罪定罪。

李某利用职务上的便利,与王某等共同偷电并分赃。李某是国家工作人员,王某等人与之勾结伙同贪污,李某应是主犯,王某等人是贪污罪的从犯。根据《刑法》关于共同犯罪的规定,李某应对全部犯罪负责,应以贪污363529.49元定罪处罚,对王某等以贪污罪的共犯处罚。

【法律依据】

《刑法》第382条:"国家工作人员利用职务上的便利,侵吞、窃取、骗取或者以其他手段非法占有公共财物的,是贪污罪。受国家机关、国有公司、企业、事业单位、人民团体委托管理、经营国有财产的人员,利用职务上的便利,侵吞、窃取、骗取或者以其他手段非法占有国有财物的,以贪污论。与前两款所列人员勾结,伙同贪污的,以共犯论处。"

4.他与女友同居是否构成重婚罪?

【典型案例】

王某与其妻子于某于1999年8月1日登记结婚,婚后生育一女孩。2001年4月,王某认识了宾馆服务员孙某。不久,王某便与孙某同居。同居期间两人共同购买了电视、沙发等,日常费用大部分由王某负担,小部分由孙某负担。此间,两人有时一同外出,对外表现关系亲密,不避嫌疑,邻居都认为二人是夫妻关系。事发后,王某辩称他们以男女朋友相称,没有对外公开以夫妻名义同居,认为自己不构成重婚罪。

【法律评析】

本案的焦点是王某的行为是否构成重婚罪。

本案例中,王某与孙某虽未以夫妻相称,但其行为构成事实上的重婚罪,具体理由是:

首先,从犯罪构成的主客观方面来看。重婚罪的构成要求犯罪人主观上有直接故意,客观上表现为有配偶而重婚,或者明知他人有配偶而与之结婚的行为。本案被告人王某在已有配偶的情况下,与孙某长期保持婚外两性关系,并在同居期间,双方共同购买了电视、沙发,共同承担了日常开支。本案虽无证据证实二人以夫妻名义相称,但二人对外表现关系亲密,使公众认为两人是夫妻。因此,本案可认定二人为以夫妻名义同居,属事实上的重婚。依照最高人民法院《关于〈婚姻登记管理条例〉施行后发生的以夫妻名义非法同居的重婚案件是否以重婚罪定罪处罚的批复》规定,新的《婚姻登记管理条例》发布施行后,有配偶的人与他人以夫妻名义同居生活的,或者明知他人有配偶而与之以夫妻名义同居生活的,仍应按重婚罪定罪处罚。

其次,从重婚罪与临时姘居关系的区别来看。最高人民法院《关于如何认定重婚行为问题的批复》规定:"重婚是有配偶的人再与第三者建立夫妻关系的行为。"有配偶的人和第三者如已举行结婚仪式,这固然足以构成重婚;即使没有举行结婚仪式,而两人的确是以夫妻关系同居的,也足以构成重婚罪。反之,如两人虽然同居,但明明只是临时姘居关系,彼此以"姘头"相对待,随时可以自由拆散,或者在约定时期届满后即结束姘居关系的,则只能认为是单纯非法同居,不能认为是重婚。从上述规定我们可以看出,重婚罪的主要特征有两点:一是男女一方或者双方是已有配偶的人;二是两人确实是以夫妻关系共同生活,群众也公认的。临时姘居的主要特征是不以夫妻相对待,随时可以自由拆散的。而在本案中,被告人王某与孙某虽未以夫妻相称,但二人有着共同的经济生活,公众也认为两人是夫妻。因此,王某的行为不符合临时姘居的特征,而符合重婚罪的特征。

最后,从司法实践及有关政策上看。人民法院在处理重婚案件时总的政策精神是:1950年《婚姻法》颁布以前的重婚,一般不再追究;《婚姻法》实施以后的重婚,要区别不同情况,严肃处理。因此,在处理具体案件时,要根据具体案情认定,主要从婚姻基础、婚后感情好坏、重婚的原因、重婚时间长短、有无子女和子女利益等情况,全面加以考虑。

本案被告人王某在已有配偶的情况下与孙某同居,其重婚行为对妻子于某也造成了很大的精神伤害,期间夫妻关系持续恶化,此案的案发也是其妻报案所致。同时,王某又不具有法律规定不构成重婚罪的其他情节,因此应对王某的行为追究刑事责任。

【法律依据】

《刑法》第258条:"有配偶而重婚的,或者明知他人有配偶而与之结婚的,处2年以下有期徒刑或者拘役。"

最高人民法院《关于如何认定重婚行为问题的批复》规定:"重婚是有配偶的人再与第三者建立夫妻关系。"

5. 没救助自己赌气跳河的妻子,属于犯罪吗?

【典型案例】

2002年7月17日,家住重庆市万州区某乡的李某与妻子肖某因家庭琐事发生争吵后,肖某到李某的父母家吵闹,经村干部劝解后,肖某仍坚持要与李某离婚,于是李某与肖某就带着材料到乡政府办理离婚手续,因小孩抚养问题未协商好,二人没有离成。当天下午6点多,二人回家路过村口的堰塘时,肖某要前面走路的李某停下来歇一会再走,李某不予理睬,二人发生拉扯,被村民何某劝开。当李某朝回家的方向又走开了五十多米时,肖某跳入水塘中,何某见状大声呼喊李某救人,李某回答:"她自己跳的水,我又没有推她。"李某头也没回地继续往回家的方向走。肖某被在场的何某和闻讯赶来的他人救起时已经溺水死亡。重庆市万州区人民检察院以李某犯故意杀人罪向万州区人民法院提起公诉。经审理,万州区人民法院判决李某无罪;后万州区人民检察院提出抗诉,重庆市第二中级人民法院也认定李某无罪,裁定驳回抗诉,维持原判。

【法律评析】

依照我国《刑法》的规定,故意杀人最高可以判处死刑,也就是我们常说的"杀人偿命",但经过审理,两级人民法院都认为李某的行为不构成犯罪,最后将其无罪释放。那么,李某没有阻止妻子肖某跳河自杀,在肖某跳河后也没有回来施救,他的这些行为是杀人犯罪吗?人民法院判决他无罪的法律依据又是什么呢?

按照我国《刑法》的规定,犯罪行为是严重危害社会的违法行为,比较一般的违法行为,犯罪行为的方式更恶劣、危害后果更严重、造成的社会损失更大,以至于国家需要用最严厉的刑事法律来追究罪犯的刑事责任,而一个人一旦被认定为罪犯,一般都会严重影响他的名誉、人身自由、财产等重要利益,所以国家对于一个人的行为是否构成犯罪,有着严格而明确的规定,这就是我们常说的"罪刑法定原则",也就是说一个人是否犯罪、犯什么罪、应当受到怎样的处罚,都必须依照《刑法》等法律的明确规定,同时还必须经过人民法院依法进行审判,否则对任何人都不得确定为有罪。

我们来看李某的行为:其一,从肖某跳河时的现场环境来看,李某与肖某因离婚不成而在回家的路上发生拉扯,在李某走开后,肖某自己赌气跳了河,按照一般的社会经验,夫妻之间的口角、拉扯、打架,应该不会导致妻子自杀。在李某看来,妻子当时也就是嘴上吓唬他,不见得就是真要跳河,所以李某在肖某跳河自杀的事情上是没有过错的;其二,我国《婚姻法》规定,夫妻之间有互相扶养的义务,但没有规定夫妻之间有必须互相救助的法律义务,更没有规定如果不救助就会构成犯罪,所以李某没有回来救助跳河的妻子并没有违反任何法律的规定。尽管这么说可能会与我们思想道德观念中的家人要互敬互爱、互相抚助是冲突的,但我们要明白法律不是道德,法律惩罚不同于道德评价,不符合道德观念的行为并不一定就是犯罪行为;其三,在肖某跳河后,在场的群众立刻就进行了救助,但也没有避免悲剧的发生,也就是说就算李某回来救人也没有办法救妻子的命,所以李某没有救助不是妻子溺水而亡的原因。

综合以上几点,人民法院认定李某不构成故意杀人罪,这也是完全符合法律规定的。

【法律依据】

《刑法》第3条:"法律明文规定为犯罪行为的,依照法律定罪处刑;法律没有明文规定为犯罪行为的,不得定罪处刑。"

《刑法》第13条:"一切危害国家主权、领土完整和安全,分裂国家、颠覆人民民主专政的政权和推翻社会主义制度,破坏社会秩序和经济秩序,侵犯国有财产或者劳动群众集体所有的财产,侵犯公民私人所有的财产,侵犯公民的人身权利、民主权利和其他权利,以及其他危害社会的行为,依照法律应当受刑罚处罚的,都是犯罪,但是情节显著轻微危害不大的,不认为是犯罪。"

6. 不满14周岁的人和母亲一起毒死父亲,属于犯罪吗?

【典型案例】

1993年6月,许某前往贵州省某县某乡将岳某带至江苏省某县同居后办理了结婚登记,许小某(女,1988年3月出生)亦随生母岳某至许某家共同生活。岳某于1994年3月与许某生下一子。2000年12月下旬,因许某不愿意出钱让女儿许小某上中学、办理户口等家庭问题,夫妻间经常吵架,岳某负气携女儿许小某离家出走一个多月,回家后,岳某被许某及其兄弟三人绑在房前树上殴打,被派出所民警解救。2001年3月,岳某向人民法院起诉离婚,法院依法判决不准许二人离婚。此后,岳某经常受到许某的打骂,许小某也因为继父许某的歧视性言行而怀恨在心。2001年12月初,两人经合谋后,决定以投毒的方式将许某杀死,岳某将买来的两包"毒鼠强"交给许小某保存。该月13日19时许,一家人吃晚饭时,许某中途离桌到厨房,许小某问母亲岳某是否在许某的碗中下毒,岳某表示同意,许小某就将两包"毒鼠强"当着岳某的面掺入许某吃面条的碗内。许某吃了掺毒的面条后出现抽搐、呕吐症状,在岳某及邻居将他送往医院的途中死亡,经鉴定系"毒鼠强"急性中毒死亡。其后,人民法院以故意杀人罪判处岳某死刑缓期2年执行,剥夺政治权利终身;因许小某犯罪时不满14周岁,公安机关对她做出收容教养3年的决定。

【法律评析】

本案起因于被害人许某不愿意给自己女儿办理户口、不愿意供她读书而与妻女之间产生家庭纠纷,同时与岳某作为夫妻不能相互尊重、平等相待,动不动就以打骂对待,实施家庭暴力,导致家庭矛盾不断激化。岳某在离婚不成后,遭受家庭暴力更加频繁,从而产生了与女儿一起实施报复杀人的恶念。

我们来看岳某的行为,她购买了毒药,虽然实际上是女儿许小某把毒药投放到许某碗里的,但是许小某在投毒时还没有满14周岁,在法律上她还没有足够的辨别是非的能力,她的行为很大程度上取决于作为母亲的岳某是否同意。岳某亲眼看到女儿投毒没有阻止,丈夫被毒死也是她内心所希望的结果。综合本案事实来看,岳某有杀人的故意,并指使女儿进行投毒,应当以故意杀人罪定罪处罚,但考虑到被害人许某经常打骂妻女也有过错,岳某事后积极送丈夫救治,能如实供述犯罪行为,依法可以从轻处罚,所以人民法院判处她死刑缓期2年执行,是符合法律规定的。

我们再来看许小某的行为,她投毒杀害了自己的继父,实施了故意杀人行为,但因为她当时还没有满14周岁,也就是不够"刑事责任年龄",依照《刑法》的规定不能被定罪处罚。《刑法》所惩治的是那些故意、过失而实施犯罪行为的人,就是要求一个人能够清楚地知道自己干的是什么样的事儿、干或者不干会有什么样的后果，并且能够控制自己干或者不干这件事儿，但是这种能力不是人生下来就有的。通常来说，随着年龄的增长就慢慢形成了这样的能力，所以人的年龄是对每个人都公平的判断标准，满14周岁才达到《刑法》规定的"刑事责任年龄"。许小某犯罪时没有满14周岁，因此没有被定罪处罚，但是应交由家长等严加管教或者由政府收容教养。需要注意的是，这里所说的年龄都是人的实际年龄，不是我们日常生活中常说的"虚岁"。

【法律依据】

《刑法》第17条："已满16周岁的人犯罪，应当负刑事责任。已满14周岁不满16周岁的人，犯故意杀人、故意伤害致人重伤或者死亡、强奸、抢劫、贩卖毒品、放火、爆炸、投毒罪的，应当负刑事责任。已满14周岁不满18周岁的人犯罪，应当从轻或者减轻处罚。因不满16周岁不予刑事处罚的，责令他的家长或者监护人加以管教；在必要的时候，也可以由政府收容教养。"

7. 见义勇为捉小偷，一怒之下将小偷打伤，属于犯罪吗？

【典型案例】

某日，张某在本镇的集市上闲逛时，听到有人喊抓小偷，于是前往拦截，并和其他群众一起将小偷抓住，将小偷偷得的现金、手机全部还给了失主。在将小偷送往派出所的路上，小偷想趁众人不备逃走，但没跑出多远，又被张某抓住，张某十分气愤，对小偷一顿拳打脚踢，直到被赶来的派出所民警制止。后经医院诊断，小偷的锁骨骨折、右眼眼角膜脱落，另有其他多处受伤，构成了重伤。随后，张某因犯故意伤害罪被公安机关立案侦查，最后被人民法院以故意伤害罪判处有期徒刑3年。

【法律评析】

邻里守望相助是我国劳动人民的传统美德，见义勇为、古道热肠更是人们推崇的良好品质。今天我们的农村随着小城镇建设的推进，很多原有的村庄被新的城镇所取代，社会治安形势比以前复杂，邻里关系也变得比以前淡薄。在这种情况下，见义勇为、勇于同违法犯罪分子做斗争的精神更应赞扬和学习。在仗义出手将犯罪分子制服后，应当立即报警或者将犯罪分子送往当地派出所处理，而不能出于报复、图财或者其他目的，对犯罪分子的人身或者财产采取其他的行为。例如，出于气愤对小偷拳打脚踢、将小偷身上的财产据为己有、将小偷关押起来通知他的家人拿钱来赎人等，上述行为都是违法行为，如果情节严重的，就有可能构成犯罪。

对照本案来看，张某听到呼喊，与群众一起捉小偷，在小偷打算逃跑时又不顾自己的安危再次出手将小偷捉住，这些都是见义勇为的英雄行为；但是，就算是小偷违了法、犯了罪,正确的做法也应该是将其交给公安局、检察院、法院等国家司法机关依照国家相关法律的规定来处理。张某对小偷的拳打脚踢却是非常错误的,是故意伤害他人人身权利的行为。张某发泄自己的愤怒导致了小偷重伤的严重后果,他的行为依法已经构成了故意伤害罪。正所谓好心办坏事,最后将自己办进监狱,这个深刻的教训我们必须吸取。

【法律依据】

《刑法》第234条:"故意伤害他人身体的,处3年以下有期徒刑、拘役或者管制。犯前款罪,致人重伤的,处3年以上10年以下有期徒刑;致人死亡或者以特别残忍手段致人重伤造成严重残疾的,处10年以上有期徒刑、无期徒刑或者死刑。本法另有规定的,依照规定。"

8.为讨要工资而将包工头扣押,属于犯罪吗?

【典型案例】

为增加收入,李某在夏收后跟随本村村民刘某等一同来到江苏某市的建筑工地打工,工地的包工头吴某就安排李某、刘某干轧钢筋的活,每月开出1500元每人的工资,包吃包住,每月底结账。李某等干活卖力,包工头也按时发工资,后来因为开发商资金紧张,又与建筑承包商因工程质量发生纠纷,工程暂停了一段时间,吴某没钱给工人发工资,拖欠工资近3个月。李某等多次讨要工资,包工头每次都说等他结了款就立马发工资,并给李某等打了欠条。一天,李某、刘某听说吴某手头可能有钱,就打算去他家讨要工资,但见面后吴某仍发不出工资,李某、刘某非常气愤,就挟持吴某到工地一处僻静的仓库,将他捆绑起来,并让他给家里打电话,让家人送拖欠二人的工资九千余元。吴某家人接到电话后第二天一大早就送来了钱并将吴某接回,吴某回家后立即报警,警察随后在工地将李某、刘某抓获。人民法院以非法拘禁罪判处李某、刘某各拘役6个月。

【法律评析】

农民工兄弟进城靠自己的技术、自己的力气打工赚钱,在增加自己收入的同时,也为城市的发展做出了贡献。但是,在现实生活中,很多企业特别是建筑行业拖欠、克扣农民工工资的现象十分普遍,有时还会发生包工头自己结了款就带着工人工资逃跑的事情,辛苦了一年的农民工拿不到自己的辛苦钱,甚至连讨要工资的人也找不到,合法利益受到了严重的侵害。于是,有些农民工兄弟就自己组织起来采取了围堵工地、哄抢工地财产、拦路堵车等错误行为,这样可能不但没有拿到工资,自己还犯了法,严重的还有可能构成犯罪。

在本案中,李某、刘某被包工头吴某长期拖欠工资,当然是受害者,他们向吴某讨要工资合情、合理、合法。尽管李某、刘某索要的只是自己的工资,在他们拿到工资时就立即放了吴某,拘禁吴某的时间很短,但是按照我国《宪法》《刑事诉讼法》等法律的规定,公民的人身自由不受侵犯,任何机关、团体、企业、事业单位和个人不依照法律规定或者不依照法律规定的程序拘禁他人都是非法的。具体来说,不经过人民检察院批准或者人民法院决定,并由公安机关执行,不能逮捕公民;不经过公安机关或者人民检察院决定,并由公安机关执行,不能拘留公民。因此,李某、刘某对吴某所采取的捆绑、扣押行为是违反法律规定的非法拘禁他人的行为,因此构成了非法拘禁罪。

我们看到近年来中央及各地政府采取了很多有效措施来保障农民工兄弟工资的发放及其他合法权益不受侵害,如果确实发生了被拖欠、克扣工资等情况,应当尽可能地保持冷静,要采取合法手段维权,包括向工作所在地的劳动部门投诉、请求司法援助、请新闻媒体曝光等,但千万不能采取非法拘禁包工头、到包工头家里强行搬物品等方式,那样非但不能保护自己的合法权益,反倒让自己涉嫌违法、犯罪,真的是得不偿失。

【法律依据】

《刑法》第238条:"非法拘禁他人或者以其他方法非法剥夺他人人身自由的,处3年以下有期徒刑、拘役、管制或者剥夺政治权利。具有殴打、侮辱情节的,从重处罚。犯前款罪,致人重伤的,处3年以上10年以下有期徒刑;致人死亡的,处10年以上有期徒刑。使用暴力致人伤残、死亡的,依照本法第234条、第232条的规定定罪处罚。为索取债务非法扣押、拘禁他人的,依照前两款的规定处罚。"

参考文献

[1]宋海鸥:《农村邻里关系法律知识100问》,重庆大学出版社2007年版。

[2]李晓华:《农村房产纠纷实例说法》,中国法制出版社2009年版。

[3]曹旭伟:《农村实用法律常识》,福建科学技术出版社2011年版。

[4]江平:《民法学》,中国法制出版社2007年版。

[5]王思锋:《农村房屋宅基地邻里纠纷法律指南》,陕西人民出版社2008年版。

[6]卢永真:《运输合同》,中国民主法制出版社2003年版。

[7]高争志:《农村买卖借款担保纠纷实例说法》,中国法制出版社2009年版。

[8]程相识:《送法下乡之民事纠纷》,中国政法大学出版社2010年版。